나는 어떤 삶을 살아야 할까?

나는 어떤 삶을 살아야 할까?

제1판 제1쇄 발행일 2016년 9월 30일
제9쇄 발행일 2023년 5월 1일

기획 _ 길담서원
글 _ 홍세화, 이계삼, 조광제, 안철환, 박영희, 노을이, 정숙영
편집 _ 책도둑(박정훈, 박정식, 김민호)
디자인 _ 서채홍
펴낸이 _ 김은지
펴낸곳 _ 철수와영희
등록번호 _ 제319 - 2005 - 42호
주소 _ 서울시 마포구 월드컵로 65, 302호(망원동, 양경회관)
전화 _ (02)332 - 0815
팩스 _ (02)6003 - 1958
전자우편 _ chulsu815@hanmail.net

ISBN 978 - 89 - 93463 - 93 - 4 43300

철수와영희 출판사는 '어린이' 철수와 영희, '어른' 철수와 영희에게
도움 되는 책을 펴내기 위해 노력합니다.

나는 어떤 삶을 살아야 할까?

홍세화, 이계삼, 조광제, 안철환, 박영희, 노을이, 정숙영

철수와영희

나와 내 이웃의 행복과 세계 공동체의 조화로운 삶

2008년 문을 연 길담서원은 서울시 종로구 통인동 시절을 접고 2013년 12월 15일부터 옥인동 시대를 열어가고 있습니다. 9년 가까이 길담서원에서는 다채로운 모임들이 둥지를 틀었습니다. 콩글리시(영어원서 강독모임), 책여세(책 읽기 모임)를 시작으로 청소년인문학교실, 어른인문학교실, 한뼘미술관, 경제공부모임, 철학공방, 책마음샘(찾아가는 음악회), 끄세쥬(프랑스어문 모임), 니체왈츠(독일어문 모임), 녹색평론 읽기모임, 이야기 드로잉교실, 일본어 공부모임, 금요영원(엠마 골드만 자서전 읽기 모임), 빨간 머리 앤 영어원서로 읽기+되어보기, 시민과학 공부모임, 버니 샌더스 연설 듣고 말하기 모임 등등, 다양한 프로그램들이 자리를 잡아가고 있습니다. 모임 하나하나의 중심에는 우연히 찾아왔다 길담서원의 주인이 된 사람들이 있습니다. 그 가운데서도 가장 반갑고 마음 설레는 모임이 청소년인문학교실입니다.

"아이들을 위한 인문학 공부 모임도 있었으면 좋겠어요."

중2 청소년을 둔 어머니의 이 한마디가 씨앗이 되었습니다. 씨앗은 '청소년인문학교실을 위한 준비모임'으로 싹이 텄고, 준비모임에는 학부모, 교사, 교육에 관심 있는 분들이 모였습니다. 몇 차례의 준비 모임과 두 번의 시범 교실을 거쳐 2009년 1월부터 아래와 같은 생각을 기본으로 길담서원 청소년인문학교실을 열어가고 있습니다.

_청소년은 수동적 존재가 아닌 주체이다. 청소년인문학교실 기획 모임에는 청소년이 어른들과 대등하게 참여한다. 수업의 30퍼센트 정도는 청소년의 시간으로 할애한다.

_강의는 연구와 실천을 겸비한 전문가에게 의뢰한다. 현실을 직시하는 비판적 분석과 대안 있는 해법이 조화를 이루게 한다. 현직 교사도 강사로 모셔서 학교 현장과 소통하는 교실이 되도록 한다.

_주제를 예술적으로 구현한 문학 작품과 철학적으로 접근한 강의를 반드시 포함시켜 청소년기의 맑고 따뜻한 감성을 보듬고 논리적이고 이성적인 사유 능력을 기르도록 한다.

_주제와 관련하여 1박 2일 답사 프로그램을 진행한다. 자유분방한 프로그램 속에서 또래들과 친해지고 도심에서 자란 청소년이 자연과 벗하는 기회를 갖도록 한다.

_경제 형편이 어려운 가정의 청소년도 참여할 수 있도록 최대한 참가비를 낮추고 장학 제도와 같은 숨구멍을 터놓도록 한다.

길담서원 청소년인문학교실은 위와 같은 정신을 바탕으로 그동안 길, 일, 돈, 몸, 밥, 집, 품, 힘, 눈, 삶을 주제로 열었고 기회가 되면 옷, 앎, 글, 손, 땅, 불, 물, 똥, 꿈, 숨, 말 등의 주제로 열어갈 것입니다.

이번에는 '어떻게 살 것인가?'라는 고민을 '삶'이라는 주제로 풀어보았습니다. 이 책은 '일' 『나는 무슨 일 하며 살아야 할까?』, '돈' 『나에게 돈이란 무엇일까?』, '몸' 『태곳적부터의 이모티콘』, '밥' 『세상을 담은 밥 한 그릇』, '집' 『나는 어떤 집에 살아야 행복할까?』, '힘' 『세상을 바꾸는 힘』, '품' 『나에게 품이란 무엇일까? – 공동체에 대한 고민』에 이어 여덟 번째 책입니다.

우리는 '삶'을 주제로 청소년 인문학교실 준비모임을 가졌습니다. 삶이란 무엇이며 어떻게 살아야 할까? 삶에는 어떤 다양한 방식들이 있을까? 소외되고 그늘진 삶을 사는 사람들, 마음이 아픈 청소년들, 삶을 포기하는 사람들을 어떻게 할 것인가? 수많은 물음이 꼬리에 꼬리를 물었습니다.

준비모임의 결실은, "삶이 싫은 사람은 삶을 사랑하게 되고, 삶이 지루한 사람은 삶이 신 나게 되는 그런 강의였으면 좋겠어요"라는 어느 청소년의 바람으로 요약되었습니다. 이렇게 형성된 공감대를 가지고 삶을 주제로 한 이번 강의를 구성해보았습니다.

먼저, 홍세화 선생님은 우리가 살아가는 사회의 구조와 제도의 틀을 인식하면서 그 속에서 어떻게 자신의 의지대로 주체적인 삶을 살 수 있는가, 그리고 어떻게 그 사회를 보다 더 아름답고 인간다운 사회로 바꾸어낼 것인가에 대하여 말씀하셨어요.

이계삼 선생님은 먹고살기 위해 식솔을 거느리고 우리나라와 일본을 오가며 사셨던 할아버지와 아버지, 전쟁으로 가족과 생이별하여 수양딸로 살아야 했던 어머니의 삶을 통해 자신의 삶을 바라보고 있어요. '나'의 주체를 형성한 중요한 뼈대가 바로 '역사'라는 인식입니다.

조광제 선생님은 '어떻게 하면 행복하게 살 수 있을까?'라는 질문을 던져놓고 '인문 예술적인 삶'을 '향유'라는 개념으로 풀어내고 있어요. 어려운 철학이 조광제 선생님과 만나면 재미있게 읽혀요.

안철환 선생님을 찾아가 우리 종자를 찾고 지키며 신나고 재미있게 사는 이야기를 들었지요. 새싹이 땅을 뚫고 올라오는 모습에 반해 농부가 되었다는 안철환 선생님은 우리에게 똥으로 만든 비료를 만져도 보고 냄새도 맡아보게 하면서 농사는 자연의 아름다움을 몸으로 느낄 수 있는 가장 매력적인 직업이라고 강조하셨어요.

르포 작가이며 시인인 박영희 선생님의 강의는 드라마를 보는 듯했습니다. 한 소년이 황홀경에 빠져 커다란 신작로에 홀로 서서 지는 노을을 바라보는 모습이 화인처럼 찍혀 있습니다. 이 장면은 마음이 아프고 가난해도 아름다움을, 행복을 발견할 줄 아는 소년, 그리고 정직하게 살아온 한 시인의 단면을 보여줍니다.

노을이 선생님은 남자와 여자가 느끼는 성은 어떤 차이가 있는지, 10대의 성의 경험, 성의 습관이 어른이 된 나의 삶을 어떻게 지배하는지를 이야기하며 참가자들의 궁금증을 풀어보았습니다.

구비문학 연구가 정숙영 선생님은 '옛이야기'라는 창을 통해 우리 조상들의 삶을 들여다봅니다. 옛날 사람들은 무엇 때문에 사는 게 힘들고 괴로웠는지, 무엇 때문에 힘이 나고 흥겨웠는지를 알아보고 현재를 살아나가는 데 지혜를 얻고자 합니다.

우리가 행복하게 잘 살기 위해서는 좋은 삶은 무엇인가? 세계에서 나는 어떤 존재인가? 내가 살고 있는 세계는 어떠한가? 라는 주체적인 삶의 자각, 문제의식을 일깨우는 성찰이 필요합니다. 그러한 자각과 성찰이 없으면 우리는 공동체 속에 매몰되어 나의 의지와 판단 없이 남들이 사는 방식대로 따라 살게 됩니다.

한 사람의 삶은 공동체 전체의 행복과 떼어놓을 수 없습니다. 한 사람 한 사람이 자기 삶의 주체로서 좋은 삶을 살아야 가족과 사회와 세계가 건강해지고 아름다워질 수 있습니다. 동시에, 공동체가 건강하고 조화롭지 못하면 내가 행복하기 위해 노력한다 해도 잘 되지 않습니다. 세계라는 인류 공동체의 이웃들이 행복해야 나라는 개인의 행복도 보장되고 유지됩니다.

오늘날 유럽 사회를 보십시오. 언제 어디서 테러가 일어날지 모르는 불안에 휩싸여 하루하루를 살아가고 있습니다. 그 불안감이 우리에게까지 전해지고 있지 않습니까? 내가 행복해지려면 나를 둘러싸고 있는 공동체 전체가 조화로운 세계여야 합니다.

그러므로 여러분의 삶의 궁극적 목적을 '나의 행복'으로 세웠다 할지라도 그 행복을 언제나 내 이웃의 행복과 세계 공동체의 조화로운 삶과 연결시킬 줄 아는 지혜를 가지시길 바랍니다.

이 책에 실린 선생님들의 강의 한 편 한 편이 그러한 지혜로 여러분을 이끌어주었으면 좋겠습니다.

2016년 9월

길담서원 서원지기 박성준, 이재성

길담서원 청소년인문학교실 '삶'과 함께한 청소년들

강은진, 김경구, 김문정, 김민지, 김선훈, 김연지, 김은비, 나원영, 도현우, 박세희, 박화목, 송보민, 안소영, 양혜지, 이가영, 이솔, 이재현, 이지원, 최문영, 최송광, 최송주, 최재영

차례

1강

내 삶의 주인이 되는 법

– 홍세화('장발장은행' 은행장)

굳이 필요한 경쟁이 있다면
그 대상은 자기 자신이어야 합니다.
오늘의 나는 과거의 나에 비해 성숙한가,
미래의 나는 지금의 나보다
얼마나 바람직한 인간이 되어 있을 것인가,
이것을 두고 비교해야 합니다.

홍세화

작가이자 사회운동가로 〈한겨레〉 기획위원을 지냈으며, '장발장은행'의 은행장과 '소박한 자유인'의 발기인으로 일하고 있다. 쓴 책으로는 『10대와 통하는 청소년 인권 학교』(공저), 『나는 빠리의 택시운전사』, 『쎄느강은 좌우를 나누고 한강은 남북을 가른다』, 『악역을 맡은 자의 슬픔』, 『빨간 신호등』, 『생각의 좌표』 등이 있다.

내 삶의 주인이 되는 법

안녕하십니까, 홍세화입니다. 오늘은 주제가 삶인 만큼 긴장도 되고 설레기도 하네요.

삶을 산행에 비유하자면 저는 산에 올랐다가 내려가는 길이라고 할 수 있습니다. 새로운, 전혀 예상하지 못했던 어떤 상황은 이제 많지 않을 나이예요. 그러나 이제 막 산의 정상을 향해 올라가고 있는 여러분 앞에는 새로운 무언가가 기다리고 있습니다. 동시대를 사는 동료이자 인생의 선배로서, 저는 오늘 산을 오르는 우리 젊은 후배들과 대화를 나눠보고자 합니다.

나의 어린 시절

젊은 시절 제게 가장 중요한 화두는 '존재'와 '자유'였습니다. 삶은 누구나 한 번입니다. 제아무리 특별한 존재도 죽음을 뛰어넘지는 못해요. 그렇다면 유한한 삶의 과정에서 어떻게 '나'라는 존재를 주체적으로 만들어갈까, 이것이 고민의 핵심이었습니다. 바로 '자기 형성의 자유'라는 문제였지요.

여러분은 세계사를 공부하면서 '자유'의 역사를 알게 되었을 것입니다. 인류는 끊임없는 투쟁과 희생 끝에 신체, 사상, 종교와 양심의 자유 같은 것들을 쟁취했지요. 저는 이러한 자유가 궁극적으로는 '자기 형성의 자유'를 향한다고 생각했습니다. 인간이 자기 존재를 스스로 결정할 자유를 향해 묵묵히 걸어왔던 것이지요. 그런데 이것이 생각만큼 쉽지가 않습니다. '나'라는 존재가 외부 환경에 의해 끊임없이 영향을 받기 때문입니다. 지금 여기서 내가 하는 '생각'도 마찬가지입니다. 저 자신을 예로 들어 말씀드리지요.

저는 인간에게 '성취'보다는 존재에 대한 사유 혹은 성찰이 훨씬 중요하다고 생각합니다. 그런데 이러한 '생각'에는 나름의 계기가 있어요. 특히 어린 시절의 경험이 큰 영향을 끼쳤어요. 중·고등학교 시절에 "Boys, be ambitious!"라는 말이 유행했습니다. "소년이여, 야망을 품어라!" 하는 말인데 아마 여러분도 들어보셨을 거예요. 주변에는 그런 이야기를 듣고 주먹을 불끈 쥐는 친구들도 있었지만 저는 별로 감흥이 없었습니다. 깊이 생각하지 않았을뿐더러 무덤덤했지요. 여기에는 외할아버지의 영향이 컸습니다.

1950년에 한국 전쟁이 나고 가족들이 뿔뿔이 흩어졌어요. 제가 47년생이니까 네 살 때지요. 동생이 하나 있는데 돌이 지나지 않아 죽고 말았어요. 저는 동생을 기억하지 못합니다만, 어른들 말씀으로 이름이 '민화'였습니다. 아버지께서 당시 지식인이셨어요. 흔히 '무정부주의'라고 불리던 아나키즘의 영향을 받으셨던 듯합니다. 그래서 제 이름은 '세계 평화'의 줄임말인 '세화'라고 하셨고 동생은 '민족 평화'의 줄임

말로 '민화'라고 지었다고 합니다.

아무튼 그렇게 전쟁통에 동생을 잃고 저는 외가댁에 맡겨져요. 이후 부모님하고 같이 산 기억이 없습니다. 외할아버지, 외할머니, 그리고 저, 이렇게 세 식구가 살게 되지요. 외할아버지는 선비의 품격을 나름대로 갖고 있는 분이셨습니다. 이분이 저에게 많은 가르침을 주셨습니다. 공부를 게을리하지 말라고 하셨지만, 커서 무엇이 되라는 말씀은 안 하셨어요. 예컨대 의사가 되라거나 판·검사가 되라는 그런 말씀은 하지 않고 대신 인간에 대한 이야기를 많이 하셨습니다. 가령 이런 말씀을 해주셨어요.

"부드러운 사람과 거친 사람이 있을 때 그중 거친 쪽에 신경이 쓰이는 게 인지상정이다. 그래서 자칫 내게 거칠게 구는 사람에게 잘해주는 반면에 내게 부드러운 사람에게는 소홀히 할 수 있다. 그럼에도 너는 부드러운 사람이 되어야 한다…."

때로 따끔한 이야기도 해주셨습니다. 제가 초등학교 때 놀기를 좋아했어요. 당시는 놀이라고 해야 골목에서 구슬치기나 딱지치기를 하는 게 다였는데 그게 그렇게 재미가 있어요. (웃음) 노느라 정신이 팔려서 할머니께는 야단도 많이 맞았는데 할아버지는 별다른 말씀이 없으셨어요. 어느 날엔가 딱지를 많이 따가지고 집으로 돌아왔습니다. 할아버지께서 불룩해진 주머니를 보시더니 사람은 지내봐야 안다면서, 놀음을 해보면 그 사람의 참모습이 나온다는 말씀을 하세요. 그때 어린 나이에도 무언가를 느낀 것 같습니다. 초등학교를 졸업할 무렵에 그동안 땄던 구슬, 딱지 이런 것들을 죄다 동네 아이들에게 나눠줬습니다.

그런데 기분이 나쁘지 않고 외려 홀가분하고 좋은 거예요. 그전엔 따면 신 나고 잃으면 우울했거든요. 정서적인 해방감이랄까, 무척 기분이 좋았어요. 이후로 어떤 일이든 곰곰이 생각하는 버릇이 생겼던 것 같아요.

외할아버지께서는 옛날이야기도 곧잘 해주셨습니다. 그중 제 삶에 큰 영향을 미친 얘기가 있어요. 이런 얘기였습니다. 옛날에 서당 선생이 삼 형제를 가르쳤는데, 어느 날 삼 형제에게 장래 희망을 물어봅니다. 제일 큰형은 정승이 되겠다고 합니다. 서당 선생은 "모름지기 사내 대장부는 포부가 커야 하는 법이지." 하면서 흡족해하지요. 둘째는 커서 장군이 되겠다고 합니다. 서당 선생이 고개를 끄덕이면서 역시 흡족해했습니다. 이번에는 막내에게 장래 희망을 묻습니다. 그러자 막내가 잠시 생각하더니 이렇게 말해요. "전 장래희망은 그만두고 지금 여기 개똥 세 개가 있으면 참 좋겠습니다." 앞서 두 형과 달리 정말 엉뚱한 대답이지요. 선생이 당황하며 그 이유를 묻습니다. 막내가 대답합니다. "나보다 책 읽기를 싫어하는 큰형이 정승이 되겠다고 하니 저 입에다가 개똥을 하나 넣어주고 싶고, 그다음에 나보다도 겁이 많은 둘째 형이 장군이 되겠다고 큰소리를 치니 저 입에다가 개똥을 넣어주고 싶습니다." 여기까지 말씀하시더니 할아버지가 제게 물었어요. "마지막 세 번째 개똥은 어디에다 쓰려고 할 것 같으냐?" 저는 당연히 서당 선생 몫이라고 말했지요. 그랬더니 할아버지께서 "왜 그러냐?"라고 물으셔요. 제가 "맏형과 둘째 형의 엉터리 같은 대답에 흡족해했으니까요." 하자 할아버지께서 고개를 끄덕이시며 말씀하셨습니다.

"네 말이 맞다. 세 번째 개똥은 서당 선생이 먹어야 한다. 그런데 명심해야 할 것이 있다. 네가 앞으로 세상을 살아가면서 오늘처럼 세 번째 개똥을 서당 선생이 먹어야 한다는 사실을 알면서도 그렇게 말하지 못할 때, 그때는 네가 세 번째 개똥을 먹어야 한다."

세상을 정직하면서 용기 있게 살라는 말씀이었지요. 이후로 '세 번째 개똥' 이야기는 제가 삶을 살아가는 데 큰 교훈이 되었습니다. 이후로 이야기 속 큰형과 둘째 형처럼 '야망'을 키우기보다는 내가 정말 책 읽기를 제대로 하고 있는지 공부를 게을리하지는 않는지 자신을 돌아보는 일에 더 신경을 쓰게 되었지요. 이후로 저의 '생각'에 정직, 양심, 정의 같은 것들이 깊이 자리하게 된 것 같아요.

자기 형성의 자유

방금 말씀드린 제 경험에서도 아실 수 있듯이, '나'라는 존재는 좋은 의미에서든 나쁜 의미에서든 타자의 영향을 깊이 받습니다. 그래서 '자기 형성의 자유'를 말할 때 가장 중요한 것이 바로 주체성입니다. 내가 나 자신의 주인이어야 한다는 겁니다. 과거 신분제 사회에서는 한 인간의 삶을 다른 사람이 지배했습니다. 그러나 오늘날에는 누구도 그럴 수 없어요. 자유를 쟁취하기 위한 수많은 희생과 싸움이 이룬 결과입니다. 이제 나의 몸은 누구의 명령에 따라 움직이지 않습니다. 신분에 종속되지 않고 자유롭게 활동할 수가 있어요. 신체의 자유가 허락된 것입니다.

그런데 여기서 우리가 간과하고 있는 것이 있습니다. 바로 '생각'이에요. 내 삶이 내 것이어야 한다면 내 생각도 내 것이어야 합니다. 너무나 당연한 요구이죠. 그렇다면 신분의 자유가 보장된 오늘날 내 몸이 자유롭다고 해서 내 생각도 자유로울까요? 이 물음에 올바로 대답하기 위해서는 우리는 우리 자신을 좀 더 들여다봐야 합니다.

16세기 프랑스에서 에티엔 드 라 보에시라는 청년이 『자발적 복종』이라는 책을 썼습니다. 여기에서 그는 물리적 힘으로 나를 복종하도록 하는 것보다 나도 모르게 복종하도록 하는 유혹이야말로 가장 두려운 것이라고 말합니다. 예컨대 노예는 노예라는 신분 때문에 어쩔 수 없이 복종하지만 적어도 자신이 노예라는 것은 알고 있습니다. 반면에, 자발적으로 복종하는 사람은 자신이 노예임에도 노예인 줄 모를 수 있다는 것입니다.

우리는 몸이 아플 때 병원에 갑니다. 그런데 몸이 아픈지 어떻게 알 수 있나요? 바로 '자각 증세'가 있기 때문입니다. 독감에 걸리면 열이 나고 콧물이 나고 재채기가 납니다. 하지만 생각에는 이러한 자각 증상이 없습니다. 보에시는 바로 이러한 '생각의 병'을 지적한 것이에요.

17세기 철학자 스피노자는 "생각의 속성은 고집"이라고 말했습니다. 내가 내 생각을 고수하는 이유는 그것이 옳다고 믿기 때문이에요. 또한 그것이 자신의 것이라고 믿기 때문입니다. 그러나 과연 그럴까요? 여러분의 생각은 원래부터 있던 것이 아닙니다. 어디선가 주입받고 흡수하게 된 것이에요. 여러분의 생각은 또 여러분의 의지와 상관

없이 타자의 욕망으로부터 영향을 받게 됩니다.

이해를 돕고자 인간의 성장 과정을 보도록 하죠. 갓난아기들은 신체적으로나 정신적으로 미숙합니다. 그렇기에 부모의 보살핌을 받으며 성장하지요. 생각도 마찬가지입니다. 몸이 커지듯이 가치관, 태도, 이런 것들도 어린 시절에는 부모와의 상호작용을 통해 성숙해갑니다. 이것들은 여러분이 '선택'할 수 없는 것들입니다. 유아 때 여러분이 먹은 음식은 여러분이 선택했나요? 생각도 그렇습니다. 여러분의 선택과 상관없이 주입되지요.

지금 여러분이 가지고 있는 생각, 예컨대 돈에 대해서, 행복에 대해서 혹은 결혼과 사랑에 대해서 가지는 생각들이 저마다 다를 수 있습니다. 그러나 분명한 것은 그것이 100퍼센트 여러분의 '선택'에 의해 만들어진 게 아니라는 거예요. 여러분이 태어나서 부모님과 만나고 학교에 다니고 그다음에 이웃과 만나는 과정, 그러면서 사회의 일원이 되어가는 과정을 통틀어서 '사회화 과정'이라고 합니다. 개인은 필연적으로 사회에 의하여 규정될 수밖에 없습니다. 어떤 사람의 '생각'을 알려면 그가 속한 사회를 분석해야 합니다.

물론 사람의 생각이 사회에 의해 전적으로 결정되는 것은 아닙니다. 나의 판단을 통해 주체적으로 만들어지기도 합니다. 우리가 생각의 주인이 되려면 그런 능력을 키워야겠지요.

어떤 방법이 있을까요? 우선 독서와 토론이 있습니다. 독서는 책을 쓴 타자와 자신의 생각이 만나 새로운 생각이 탄생하는 계기가 됩니다. 타자의 생각을 내 관점에서 주도적으로 재해석하고 창조하는 행위예요. 독서는 그 책을 쓴 사람의 생각을 고스란히 흡수하는 게 아닙니다. 여러분이 재창조하는 것입니다.

토론은 타인의 생각을 통해 새롭게 내 생각을 정립하는 행위입니다. 여기서 중요한 것은 사고가 열려 있어야 한다는 점입니다. 나만 옳다고 주장하지 말고 타인의 생각을 받아들이고 나의 의견을 수정할 수 있어야 해요.

다른 하나는 바로 '경험'입니다. 내가 보고 느낀 것을 우리의 의식 세계 안에서 다시 버무리는 과정이에요. 또 하나는 '성찰'입니다. 성찰은 나의 마음을 깊이 들여다보는 행위예요. 독서, 토론, 경험, 성찰, 이 네 가지야말로 주도적으로 자신의 생각을 정립할 방법이라고 할 수 있습니다.

그런 의미에서 청소년 여러분의 상황은 열악합니다. 자기 형성의 자유가 침해되어 있어요. 성적을 올리기 위한 주입식 교육은 자기 주도적인 생각 형성에 도움이 되지 않습니다. 학교에서는 암기해야 할 사항들을 알려줄 뿐, 나와 나 자신에 대한 질문을 던지지 않습니다. 텔레비전이나 인터넷 같은 대중 매체도 마찬가지예요. 나도 모르는 사이에 사회 지배층의 이데올로기에 동조하게 합니다.

예컨대 오늘날 한국 사회는 돈을 최고의 가치로 여깁니다. 좋은 직장, 좋은 집, 좋은 차를 얻고자 어린 학생부터 성인까지 밤낮없이 공부하고 일하지요. 잘 살고자 하는 욕망을 탓할 수는 없습니다. 그러나 정말 내가 원한다고 믿는 그것이 나 스스로 만들어낸 생각일까요? 어쩌면 학교 교육과 광고, 뉴스 등을 통해 알게 모르게 주입된 것은 아닐지

의심해보아야 합니다.

오늘날 우리 사회에서 당연하게 보이는 가치들이 사실은 거짓일 수도 있다면 어떻겠습니까. 16세기 청년 보에시가 말했듯이 사회 체제에 자발적으로 복종하면서 자신이 노예인지도 모르고 살아간다면 어떻겠습니까?

그런데 오늘날의 학교 교육을 통해서는 사회에 대한 합리적 의심과 내 생각에 대한 비판적 성찰이 불가능합니다. 오로지 맞느냐 틀리느냐가 중요하기 때문이에요. 그저 정답을 외울 뿐입니다. 그렇다면 방법이 없는 걸까요? 그렇지 않습니다.

여러분, 독서를 게을리하지 마십시오. "그 사람은 그때까지 읽은 책이다"라는 말이 있습니다. 그만큼 독서가 중요하다는 말이에요. 청소년들에게는 더욱 그렇습니다.

책이 없던 시절, 예컨대 인쇄술이 발달하기 이전 사람들은 책을 접할 기회가 별로 없었지요. 의식 세계의 대부분이 경험으로 형성되었습니다. 내가 겪은 일, 또는 부모에게 들은 이야기가 한 사람의 가치관을 형성하는 데 중요한 역할을 했습니다. 삶에서 얻은 지혜와 전통이 강조되었지요. 당연히 지역 간 풍습과 생각의 차이가 매우 컸습니다. 책의 등장은 이러한 경계를 무너뜨렸습니다. 독서를 통해 지역은 물론 시대까지 초월하여 인류의 지혜를 공유할 수 있게 되었지요.

오늘날 독서는 우리가 대중 매체나 획일화된 교육을 통해 형성된 의식 세계를 바로잡는 데 큰 역할을 합니다. 예컨대 우리나라는 사회 양극화 문제가 매우 심각합니다. '20대 80 사회'라는 말 들어보셨지요?

20퍼센트의 여유 있는 계층이 한국의 자원과 부를 독점하면서 나머지 80퍼센트의 사람들을 지배한다는 뜻입니다. 봉건주의 시절도 아니고 제도적 민주주의가 정착된 오늘날 한국에서 어떻게 이런 일이 가능할까요? 1인 1표의 선거제도가 있는 상황이라면 당연히 80퍼센트의 사람들이 지배해야 하는 것 아닐까요?

그 이유는 80퍼센트가 20퍼센트처럼 생각하기 때문입니다. 80퍼센트에 해당하는 사람들이 20퍼센트를 위한 정당을 지지합니다. '생각'을 지배당했기 때문이에요. 소비를 최고의 가치라고 선전하는 광고, 사회적 약자의 시선을 외면하는 방송과 언론, 시민의 권리보다 국가에 대한 충성만을 강조하는 교육, 이러한 것들이 우리의 의식 세계를 형성한 결과입니다.

독서를 통해 이러한 왜곡을 바로잡을 수 있습니다. 당연하다고 여겼던 것들에 질문을 던지면서 새롭게 세상을 보는 눈을 가질 수 있어요.

다시 제 경험을 말씀드릴까 합니다. 저 역시 한국에서 대학 교육까지 받았습니다. 중·고등학교 때는 주입식 암기 교육을 받았어요. 공부를 꽤 잘하는 편이어서 칭찬도 많이 받았습니다. 문제는 지금까지 기억에 남는 배움이랄까 하는 것이 없다는 것이에요. 시험 전에 달달 외웠던 내용은 시험이 끝나면 금세 머릿속에서 사라졌습니다. (웃음) 그러다가 대학에 들어가서 제 인생은 180도 달라지지요. 최초로 나 자신에 대한 질문과 마주하게 됩니다.

대학교에 들어가던 해 어떤 선배가 저에게 책을 권했습니다. 한국 현대사와 관련한 책이었는데 이 책을 읽고 서로 토론하는 과정에서 저는 그동안 학교에서 배운 내용이 진실과는 크게 다르다는 것을 알게 되었습니다. 군부독재 정권이 미디어는 물론 사회 전반을 통제하던 때였어요. 그동안 알고 있던 사실은 철저하게 왜곡된 채 주입되었다는 것도 깨닫게 되지요. 그 뒤로 많은 책을 읽고 토론하고 성찰하면서 저 자신의 생각을 가다듬을 수 있었습니다. 진실에 한 발 한 발 다가갈 수 있게 되었다는 사실이 한편으로 힘들기도 했지만 한편으론 설레기도 했어요. 그 설렘은 앞서 말씀드렸던 '자기 형성의 자유'가 나에게 비로소 찾아온 듯했기 때문일 것입니다.

글쓰기는 사람을 정교하게 한다

"독서는 사람을 풍요롭게 하고 글쓰기는 사람을 정교하게 한다"는 격언이 있습니다. 비록 학교에서 배울 수 없고 텔레비전에 나오지는 않지만 우리가 꼭 생각해봐야 할 문제들이 책 속에 있습니다. 그리고 글쓰기는 내가 세계를 바라보는 관점을 더욱 분명하게 가다듬을 수 있게 합니다.

제 두 아이는 프랑스에서 교육을 받았습니다. 그때 학부모로서 제가 확인한 점은 역사, 지리, 철학, 경제, 사회 등 인문사회과학 공부를 하는 데 있어 글쓰기 비중이 매우 높더라는 겁니다. 학생이 어떤 주제에 대해 글로 쓰면 선생님이 첨삭 지도를 하는 식이었어요. 대학입학 자격시험도 마찬가지입니다. 반면에 우리는 객관식 위주입니다. 제시된

보기 중 정답을 고르면 되는 거예요. 그것으로 학습 능력을 평가받습니다. 여기에 생각할 계기도 주지 않고 개성이나 성찰은 끼어들 틈이 없어요.

글쓰기는 '나'에서 시작합니다. 내 생각을 가다듬지 않으면 좋은 글을 쓰기 어려워요. 글을 잘 쓰려면 책을 많이 읽어야 합니다. 한번 이 자리에서 연습을 해보도록 할까요. 보기를 들어보지요.

옛날에 아주 오래된 왕국이 있었습니다. 오랫동안 자식이 없던 왕과 왕비는 뒤늦게 딸을 한 명 두게 되었어요. 한 나라의 지배자이자 좋은 부모였던 왕과 왕비는 딸을 애지중지하면서 키웁니다. 한 살, 두 살 나이를 먹으면서 아이가 자라고 어느덧 성숙한 여인이 되어가지요. 그러던 어느 날 왕은 공주가 왕국을 수비하는 병사와 사귄다는 사실을 알게 됩니다. 그런데 이 왕국은 철저한 신분제라서 평민 출신인 병사와 공주는 결코 결혼을 할 수가 없어요. 왕은 고민에 빠집니다. 그러다 율법에 따라 '하나님의 심판'을 받기로 합니다.

병사 앞에 두 개의 문이 있습니다. 문의 한쪽에는 굶주린 사자가 있고 다른 한쪽에는 왕국에서 뽑은 아름다운 처녀가 있습니다. 이 처녀는 평민 출신입니다. 병사는 어떤 문이든 하나를 선택해야 해요. 이 광경을 콜로세움 같은 거대한 운동장에서 백성들과 함께 지켜봅니다. 만약 사자가 있는 문을 선택한다면 죽음을 당할 것이요, 아름다운 처녀가 있는 문을 선택한다면 두 사람은 결혼을 해야 합니다. 공주 입장에서 보자면 둘 다 참담한 일이지요. 공주는 어느 문 뒤에 사자가 있는지 알고 있습니다. 만약 여러분이 공주라면 병사에게 어떤 문을 선택하라고 하겠습니까? 그리고 만약 여러분이 병사라면 공주의 조언을 따르겠습니까, 아니면 공주가 지시한 문이 아닌 다른 문으로 갈까요?

다양한 의견이 있을 수 있습니다. 내가 공주라면 병사를 다른 처녀에게 보낼 수 있다고 말할 사람도 있을 것이고, 내가 병사라면 공주를 위해 반대편을 택하겠다고 말할 수도 있을 것입니다. 이때 '나는 왜 이런 선택을 하는가?'에 대해 글로 쓰는 겁니다. 정답은 없습니다. 어떤 선택이든 타당한 측면이 있기 때문이에요. 중요한 건 여러분의 '생각'입니다. 나의 관점, 나의 시선, 이걸 정교하게 가다듬어서 표현하는 것이 핵심입니다.

글을 통해 내 생각을 잘 전달하려면 즉, 글쓰기를 잘하려면 연습이 필요합니다. 제 두 아이가 다니던 학교에서는 이런 글쓰기 과제가 많았습니다. 몇 가지 기억나는 것을 말씀드리면, 중학교 3학년 때 글쓰기 주제 중에 "나는 사형제도에 대해서 이렇게 생각한다"가 있었습니다. 고등학교 2학년 때는 "노동조합이 민주주의 발전에 미치는 영향에 대하여"라는 주제로 글쓰기를 했습니다. 고등학교 3학년 때 대학입학 자격시험을 보는데 철학 과목 문제에 "국가는 개인의 적인가?" "신이 없다면 인간의 모든 행위가 용인되는가?" "모든 권력은 폭력을 동반하는가?"라는 게 있었습니다.

여러분이라면 어떻게 쓰겠습니까? 예컨대 사형제도라면, 유지해야 하는 이유와 폐지해야 하는 이유를 말해야겠지요. 사형제도로 흉악 범죄를 예방할 수 있다는 논리가 있을 수 있고, 억울하게 희생된 사람들이 있다는 등의 반론이 있을 수 있습니다. 또 우리는 합법적으로 인간을 죽일 수 있는가 하는 물음도 던질 수 있을 것입니다. 어느 한 쪽이 옳다고 말할 수 없기에 얼마나 논리정연하게 자기 생각을 쓰느냐가 관건입니다.

'대체복무제'를 주제로 글을 쓸 수도 있어요. 우리나라에서 남자라면 누구나 군대에 가야 합니다. 하지만 종교적 신념이나 양심 때문에 총을 들지 못하는 사람들이 있습니다. 예컨대 평화주의를 신봉하는 사람에게 사람을 죽이는 무기를 들라고 하는 건 매우 가혹한 일입니다. 그래서 이들을 군대가 아닌 다른 분야에서 일하도록 하자는 거예요. 하지만 우리나라에는 아직 '대체복무제'가 법제화되어 있지 못합니다. '여호와의 증인'을 비롯하여 1년에 수백 명의 사람이 총을 들 수 없다는 이유로 감옥에 갑니다.

글쓰기에서 중요한 건 논리라고 말씀드렸지요. 논리적으로 글을 쓰려면 여러분이 문제에 대해 자신의 관점을 만들어야 합니다. "남들 다 하는 걸 왜 빼주느냐. 그러면 누가 국방의 의무를 다하겠느냐"는 논리가 있을 수 있고, "헌법에서 인정하고 있는 양심의 자유를 위해, 그에게 다른 선택지를 주어야 한다"는 논리가 있을 수 있습니다. 또는 타협점을 찾아 제3의 방법을 제시할 수도 있습니다.

'동성결혼'도 주제로 생각해볼 수 있습니다. 전 세계적으로 이를 허용하는 나라가 있고 금지하는 나라가 있습니다. 논란이 분분하고 이견이 많을수록 좋은 글쓰기 주제가 될 수 있습니다. 시사 잡지나 신문에 나오는 현안을 두고 글을 써도 좋습니다. 일주일에 하나씩 주제를 잡고 글쓰기를 연습한다면 6개월 뒤엔 언어 구사력이라든지 표현력이 몰라보게 좋아질 거예요.

지금까지 의식 형성의 자유라는 측면에서 책 읽기와 글쓰기의 중요성에 대해 말씀드렸습니다. 다음으로, 제가 인생 선배로서 여러분께 당부하고자 하는 바를 몇 가지 말씀드리도록 하겠습니다.

내 삶의 주인이 되는 법

첫 번째는 '경쟁'에 대한 비판적 인식입니다. 제가 '비판적 인식'이라고 말씀드린 이유는 경쟁의 부정적인 측면에 대해 생각해볼 기회가 적기 때문입니다. 역설적이게도 우리 사회는 경쟁에 너무 익숙한 나머지 그것이 경쟁인지도 모를 만큼 경쟁이 치열합니다. 어린 나이에는 좋은 대학에 들어가기 위해 경쟁하고 대학에서는 좋은 직장을 갖기 위해 경쟁하고 직장에서는 살아남기 위해 경쟁합니다. 그런데 경쟁이라는 게 무엇입니까? 남과 겨루는 거잖아요. 남보다 잘해야 하고 남보다 강해야 합니다.

이런 경쟁에서 우열 혹은 승패에 대한 결정을 내가 아닌 다른 사람이 합니다. 내가 이기려면 '누군가'의 눈에 들어야 한다는 거예요. 당연히 그 '누군가'는 힘 있는 사람일 테고요. 즉, 경쟁 사회에서 내 삶의 기준은 내가 아닌 남입니다. 그런 상황에서 공부는 앎을 찾는 과정이 아닙니다. 내가 얼마나 깨닫느냐가 아니라 남보다 얼마나 많이 아느냐가 중요해지지요. 등수가 곧 그 사람의 공부를 측정하는 기준이 됩니다. 최근에는 지식뿐만 아니라 인격까지 소유물로 비교하고 경쟁하는 시대가 되었어요. 어떤 차를 타는가, 어떤 집에 사는가를 두고 경쟁하면서 그것이 마치 그 사람의 인격 자체인 것처럼 대합니다.

여러분, 우리의 삶을, 개인의 인격과 지식을 이렇게 평가하는 것이 과연 정상적인 사회일까요? 사람은 누구나 소중합니다. 고유한 인격체로서의 인간을 그가 가진 것, 그의 특별한 기능 따위로 평가해선 안 돼요. 그런 사회에서는 결코 행복해질 수 없습니다. 경쟁에는 끝이 없어요. 내가 이만큼 가진다고 해서 만족하지 못합니다. 누군가는 나보다 많이 가진 사람이 반드시 있기 때문이에요. 끝없이 욕망을 부추기는 경쟁 사회에서 인간성은 사라지고 가능성은 소진됩니다. 굳이 필요한 경쟁이 있다면 그 대상은 자기 자신이어야 합니다. 오늘의 나는 과거의 나에 비해 성숙한가, 미래의 나는 지금의 나보다 얼마나 바람직한 인간이 되어 있을 것인가, 이것을 두고 비교해야 합니다. 타인과의 무의미한 경쟁을 접고 성숙한 인간을 향해 한 걸음씩 나아가야 해요. 그래야 모두가 좀 더 나은 사회에서 좀 더 행복한 삶을 살 수 있습니다.

두 번째로 말씀드리고 싶은 것은 자아실현입니다. 자아실현이란 무엇입니까? 어떤 역할을 통해 내가 속한 사회를 긍정적으로 변화시키면서 보람을 느끼는 것입니다. 사회 속에서 나의 가치, 나의 존재를 실현하는 거예요.

여러분이 속한 사회는 두말할 것 없이 한국 사회입니다. 저도 마찬가지고요. 한때 저는 프랑스로 정치적 망명을 했었습니다. 우리나라가 군사독재라는 특수한 상황이었지요. 프랑스에서 택시 운전을 하기도 하면서 생활하다가 한국에 돌아오게 되었는데, 사람들이 저에게 물어요. 왜 가족들은 놔두고 혼자만 돌아왔느냐고 말입니다. 그럴 때마다 제가 하는 대답이 있습니다.

제가 프랑스에 갔을 때 제 아이들이 한국 나이로 세 살, 여섯 살이었습니다. 프랑스에서 교육을 다 받았습니다. 그래서 이 아이들은 프랑스어로 사유합니다. 인간을 생각하는 존재라고 할 때, 생각에는 언어라는 도구가 필요합니다. 지금 여러분은 저와 마찬가지로 한국어로 생각하고 추론하고 소통하는, 한국 사회 구성원이죠. 그런데 두 아이는 자신의 의지와 관계없이 저 때문에 프랑스에서 전 교육 과정을 받게 되고, 프랑스어로 사유하는, 프랑스의 사회 구성원이 되어버린 거예요. 아이들은 프랑스 사회에서 자기를 실현해야 하는 것입니다. 반면 20여 년 만에 고국으로 돌아온 저는 어땠을까요? 그때도 저는 한국어로 생각하는 존재였습니다. 프랑스 사회에서 제가 자아를 실현할 수 있는 여지가 거의 없었어요. 한국 사회로 돌아올 수밖에 없었습니다.

제가 이 말씀을 드리는 이유는 여러분은 현재 한국 사회에 속해 있으며 앞으로도 그럴 가능성이 크기 때문입니다. 한국 사회에 자신을 던져 긍정적인 변화를 모색하는 것, 이를 통해 보람을 느끼는 것이 바로 여러분의 자아실현입니다. 이걸 잊어서는 안 돼요.

물론 먹고사는 문제도 중요합니다. 그러려면 좋은 대학에 가야 하고 공부도 해야 하고 정규직 일자리도 얻어야겠지요. 하지만 이것은 '목표'가 아니라 '조건'에 불과합니다. 우리 인간은 다른 생명체와 달리 생존 그 자체를 목적으로 하지 않습니다. 인류의 역사를 보면 알 수 있어요. 자연환경에 적응하고 식량을 확보하는 게 급선무였던 선사시대에도 인간에게는 생존을 뛰어넘는 자아실현의 욕구가 있었습니다. 그렇지 않았다면 오늘날 우리가 알고 있는 인류의 문화유산은 존재하지 않을 거예요. 자아실현은 본능과도 같습니다. 기본적인 생존 문제를 해결한 오늘날 한국 사회에서는 더 말할 나위가 없지요.

그렇다면 어떻게 자아실현을 해야 할까요? 여러분이 속한 한국 사회에서 자아를 실현하는 모습은 구체적으로 어떤 것일까요? 멀리서 찾지 않아도 됩니다. 사회적 약자를 돌보는 일, 소외된 이웃과 함께하는 일, 사회적 문제를 함께 해결하는 일, 예술 작품을 통해 자신을 표현하는 일 등 수도 없이 많습니다. 의사라면 아픈 사람들을 치료해주고 저 같은 경우는 오늘 같은 강연 자리나 이런저런 글을 통해 한국 사회에 발언합니다. 여러분도 지금 당장 실현할 수 있는 일이 있습니다. 중요한 것은 그것을 자기 삶의 우선 가치로 둘 수 있어야 한다는 것입니다.

아까도 말씀드렸지만, 오늘날 한국은 치열한 경쟁 사회입니다. 끊임없이 타인과 비교하면서 1차원적인 욕구를 자극하고 불안을 조장하지요. 그런 상황에서 자아실현을 우선하려면 '소박한 생존 조건'에 만족할 줄 알아야 합니다. 즉, 남보다 더 많이, 더 값비싼 것을 가지려는 욕망을 다스릴 수 있어야 해요. 내가 굶지 않을 만큼의 음식, 내가 가족과 함께 시간을 보낼 수 있는 집에 만족할 수 있어야 합니다. 남을 경쟁의 대상으로 보지 않고 협력과 공존의 대상으로 볼 때 자아실현을 생각할 수 있어요. '스펙' 경쟁을 하느라 쏟았던 열정과 에너지를 이웃과 사회 속에서 자아를 실현하는 데로 돌린다면 우리는 지금보다 훨씬 더 행복해질 수 있습니다. 나로 인해 누군가의 삶이 나아지고, 나로 인해 환경 오염이 줄어들고 누군가의 생각이 바뀐다면 그것이야말로 성공한 삶이 아니고 무엇이겠습니까?

장래 희망 중에 의사나 변호사를 꿈꾸는 분들이 있을 겁니다. 여러 이유가 있겠지만, 돈과 명예 때문이라고 말하는 사람도 있을 테고 아픈 사람을 고치거나, 사회적 약자를 돕는 좋은 일을 할 수 있기 때문이라고 말하는 사람도 있을 거예요. 어쩌면 돈도 많이 벌고 좋은 일도 할 수 있는 직업이라고 생각할 수도 있겠고요. 그런데 막상 의사나 변호사가 되면 어떻게 됩니까? 처음 가졌던 마음은 사라지고 그 자리에 '돈'만 남게 되는 경우가 많죠. 그건 그 사람만의 잘못이 아닙니다.

예컨대 의사의 자아실현은 이웃의 아픔을 없애주는 것이지요. 하지만 한국 사회에서는 여기에 충실하기 어렵습니다. 우선 의사가 되려면 입시 경쟁이 치열합니다. 엄청난 교육비가 들어요. 그리고 운 좋게 의사가 되었다고 해도 '사회적 지위'를 유지하려면 돈을 많이 벌어야 합니다. 우리 사회에서 '성공한 사람'이라는 평가를 받으려면 일정 수준의 재산을 확보해야 해요. 의사라면 외제 차 정도는 끌어줘야 하고 강남에 아파트를 소유해야 합니다. 의식하지 않으려고 해도 자꾸 그런 쪽으로 사회가 몰고 가요. 자아실현은커녕 그 기준에 맞추고자 쫓기면서 살게 되는 겁니다.

변호사도 마찬가지지요. 억울한 사람들을 변호하다 보면 돈은 멀어질 수밖에 없는 게 한국 사회의 현실입니다. 대형 로펌에 들어가서 재벌들 편에 서는 것이 '성공'의 지름길이지요.

여러분 『동의보감』을 쓴 허준 잘 아시죠? 이분 일화 중에 이런 게 있습니다. 허준이 한양에 과거 시험을 보러 가다가 어느 마을에 머무는데 소문을 들은 환자들이 몰려듭니다. 떠나야 할 때가 되었는데도 갈 수가 없어요. 몇 년 만에 한 번씩 보는 과거 시험이지만 허준은 과감하게 이를 포기하고 진료를 계속합니다. 허준은 왜 그런 선택을 했을까요? 저는 사명감 때문만은 아니었을 거로 생각합니다. 아마도 그에게는 이웃의 아픔을 없애주는 데서 오는 보람이 있었을 거예요. 오늘날은 어떻습니까? 좋은 직업을 가진 사람들은 대부분 보람이 아닌 돈을 향하지요. 한국 사회에서 자아를 실현하려면 '결단'이 필요합니다.

그러나 자아실현이 어렵다고 여러분이 미리 포기할 이유는 없어요. 기본적으로 인간에게는 자아실현이라는 욕구가 있어요. 다만 중간에 그것을 포기하는 경우가 많을 뿐이지요. 당장 먹고살기 힘든데 무슨 자아실현이냐는 말도 맞습니다. 우선은 살고 봐야 하니까요. 저는 다만 그때에도 자아실현이라는 가치를 버리지는 말라는 말씀을 드리는 겁니다. 잠시 미뤄둘 수 있습니다. 일단은 취직을 하고 그다음에 내가 사회 속에서 실현할 만한 일을 찾으면 돼요. 쉽지는 않습니다. 그러는 사이에 열정이 식어버릴 수도 있으니까요.

저처럼 나이 든 분들도 젊었을 때는 나름대로 다 자아실현의 열망을 갖고 있었습니다. 하지만 전쟁을 겪고 가난과 싸우다 보니, 제대로 자아를 실현할 기회를 얻지 못했어요. 안타까운 것은 지금의 한국 사회도 그때와 다르지 않다는 거예요. 학교 졸업하고 직장 찾고 결혼하고 아이 키우다 보면 어느새 처음 가졌던 마음은 흔적도 없이 사라지고 맙니다. 아까도 말씀드렸듯이 주변에서 끊임없이 타인의 가치를 강요합니다. 누구 아들은 강남에 산다더라, 누구 집 아이는 100만 원짜리 과외를 시킨다더라, 하면서 자신만의 가치를 버릴 것을 강요합니다. 끊임없이 자기 삶과 긴장관계를 유지하지 못하면, 이런 유혹과 강요에 굴복하게 돼요. 자아실현이고 뭐고 잘 먹고 잘 살자는 경쟁에 뛰어듭니다.

여러분, 우리가 삶의 조건을 무시할 수 없습니다. 그래서 여러분에게 당부하고 싶은 것은 자아실현을 설령 유보는 하더라도 절대로 포기는 말자는 거예요.

저도 프랑스에서 택시 운전을 할 때는 일을 마치면 잠자기 바빴습니다. 다른 데 신경 쓸 겨를이 없었어요. 몸도 피곤하고 먹고살기에도 빠듯했으니까요. 그러다 안 되겠다 싶어서 매일 시간을 내서 〈르몽드〉라는 신문을 읽었습니다. 세상 돌아가는 일을 알아야겠다 싶었어요. 아마도 당시 제 마음속에 '유보는 해도 포기는 말자'는 생각이 있었던 것 같습니다. 그러면서 제 생각을 글로 표현하고 싶은 생각이 들었고 결국 『나는 빠리의 택시운전사』라는 책을 한국에서 출간하게 되었지요.

유보하되 포기하지 않는 삶

지금까지 '어떤 삶을 살 것인가?'라는 주제로 말씀을 드렸는데요. 이제 마무리를 해야 할 때가 된 것 같습니다.

저는 어린 시절 세 번째 개똥을 알려주신 외할아버지의 가르침을 따르고자 했었고, 대학에 들어가서는 엄혹한 시대 상황 속에서 책을 읽고 토론하면서 나와 세계를 고민했었지요. 그러다 결국 프랑스로 망명하게 되고 그곳에서 택시 운전 등의 일을 하면서 생존했습니다. 그러다 글쓰기를 통해 세상에 발언한 것이 계기가 되어 오늘 이 자리까지 왔지요. 돌아보면 여러모로 부족했지만, 그 안에서 긴장을 유지하려고 애써온 삶이었습니다. 제 나름대로 자아실현을 위해 노력했고요.

어느 한 사람의 삶을 평가한다는 것은 어려운 일입니다. 그러나 한 가지 분명한 사실은 내 삶에 대해 최종적으로 평가할 사람은 바로 나 자신이라는 것입니다. 여기에는 한 가지 조건이 있어요. 바로 끊임없는 자기 성찰입니다. 내가 나를 들여다보는 노력을 게을리하지 않을 때, 비로소 내 삶을 평가할 수 있다는 것입니다.

여러분, 가끔 거울을 보시지요. 외출할 때나 세수할 때 내 모습이 어떤지 거울을 보며 확인합니다. 마찬가지로 자기 성찰은 우리 내면을 들여다보는 것입니다. 외할아버지께서 하신 말씀이 있어요. 보잘것없는 벌레도 성장하려면 허물을 벗는데, 사람이 어찌 나이만 찼다고 어른이 됐다고 할 수 있겠느냐는 것이었습니다. 성숙한 사고를 위해 계속 노력하라는 말씀이었습니다.

여러분에게 삶이란 무엇입니까? 어떤 분들은 하루하루 숙제를 하듯 살아간다고 대답할 거고, 또 어떤 분들은 좋은 대학, 좋은 직장이라는 희망으로 산다고 대답할 수도 있습니다. 평범한 이들에게 삶의 목적은 특별하지 않을 수 있습니다. 우리는 누구나 행복하게 살기를 원하지요. 하지만 조금 더 진지하게 삶에 대해 고민하다 보면 인간은 결국 사회 속에서 자기를 실현하는 존재라는 것을 알 수 있습니다. 그러나 현실에서 우리는 생존이라는 일차적인 조건, 즉 먹고사는 일에 얽매이기가 쉽습니다. 여기에 매몰되지 않으려면 나와 내가 속한 사회와의 긴장 관계를 유지해야 합니다. 그러려면 자기를 들여다보는 일, 자아 성찰을 계속해야 해요. 성숙한 눈으로 세상을 보아야 합니다. 우리가 책을 읽고 자신의 생각을 글로 표현하는 이유도 여기에 있습니다.

타인의 기준이 아닌 자신만의 눈으로 사회를 보면 자아실현의 길도 보입니다. '스펙'을 열심히 쌓아서 좋은 직장에 들어가고 큰 집을 갖는 것도 행복입니다. 그러나 자아실현은 이보다 훨씬 의미 있을 뿐만 아니라 더욱 큰 기쁨을 우리에게 선사합니다. 아픈 사람을 돌보는 일, 사회적 약자를 일으켜 세우고 내가 속한 사회를 좀 더 나은 방향으로 변화시키는 일은 말할 수 없이 큰 보람입니다. 인간은 그런 존재예요. 그러니 삶이 어렵고 고통스럽더라도 자아실현의 꿈을 버리지 마세요. 잠시 미룰 수 있지만 결코 포기하지 않는 삶을 살자고, 오늘 여러분들에게 꼭 말씀드리고 싶었습니다. 감사합니다.

청소년 프랑스의 교육을 경험하셨는데요, 한국과 비교했을 때 어떤 차이가 있는지 말씀해주세요.

홍세화 제도적인 측면에서 두 가지가 다릅니다. 중요한 것 중 하나는 프랑스는 '무상 교육'이라는 점이에요. 고등학교 때까지는 거의 학비가 없고, 오히려 지원을 받아요. 그곳은 9월에 학기가 시작되는데, 이때 학용품 구입비용으로 학생 한 명당 40만 원 정도가 나옵니다. 대학은 1년에 50~60만 원을 수업료로 지불하지만, 그중 30만 원 정도는 건강보험료예요. 우리나라와 비교하면 무상 교육이나 다름없죠.

무상 교육의 의미는 단순히 돈이 없어도 학교에 갈 수 있다는 교육 평등권에 머물지 않습니다. 무상 교육을 받은 사람들은 사회를 대하는 태도가 달라요. 한국에 와서 느낀 점인데요. 프랑스 의사들은 아주 친절합니다. 개인차가 있겠습니다만, 전반적으로 한국처럼 권위적인 느낌이 없어요. 왜 그럴까 생각해봤습니다. 저는 의사가 되기까지의 과정을 꼽을 수밖에 없었어요.

아까 말씀드렸듯이 프랑스에서는 의과대학을 졸업하는 데 많은 돈이 들지 않습니다. 오히려 나라에서 도와주는 측면이 있지요. 반면에 한국에서 의사 되기란 하늘의 별 따기에 가깝습니다. 우선 공부를 특출나게 잘해야죠. 엄청난 경쟁을 이겨내야 합니다. 사교육도 받아야 하고 비싼 대학 등록금도 감당해야 합니다. 그러다 보니 의사가 되면 본전 생각이 나게 마련이에요. 자식을 의과대학에 보낸 부모들도 마찬가지입니다. 일종의 '투자'로 생각해요. 의사가 되기까지 얼마나 많은 돈을 들였습니까. 당연히 보상을 바라게 되죠. 여기에 엄청난 경쟁을 뚫고 의사가 되었다는 우월감이 끼어듭니다. 내가 경쟁에서 이겼으니까, 이만큼은 벌어야 마땅하다는 생각이지요. 일종의 특권의식이에요. 의사들이 환자를 대하는 태도에는 은연중에 그런 의식이 담길 수밖에 없다고 생각합니다.

프랑스 의사들은 그렇지 않아요. 오히려 사회가 공부하도록 지원해줬으니까, 이러한 배려에 보답해야 한다는 생각이 가능합니다. 불친절할 수가 없는 거예요. 기브 앤드 테이크, 받은 만큼 돌려준다는 논리로 보면 프랑스 의사들은 사회에서 받은 것을 되돌려줘야 하는 입장이고, 한국의 의사들은 내가 투자했고 고생했으니까 사회로부터 보상받아야 한다는 입장인 거예요.

그런 의미에서 한국에서 '무상 교육'은 매우 중요한 사회적 과제입니다. 공동체의 역할을 깨닫게 해주기 때문이에요. 예컨대 '무상 급식' 논란이 있을 때 부자에게도 공짜로 밥을 줘야 하느냐는 반론이 빠지지 않고 등장하지요. 재벌 회장의 손자까지 나라에서 챙겨줄 이유가 없다는 논리예요. 일면 타당해 보이기도 하지만, 여기에는 '공동체' 개념이 빠져 있습니다. 재벌 회장의 손자 역시 대한민국이 교육을 책임져야 할 아이이기도 해요. 이걸 자꾸 재벌 가족 구성원으로 국한시켜 얘길하면 사람들이 무상 급식에 반감을 느낄 수밖에 없어요. 무상 교육, 무상 급식 등은 한국 사회에 팽배한 가족 이기주의를 넘어 우리가 한 사회 구성원이라는 공동체 의식을 회복하는 데 큰 도움이 됩니다.

무상 교육에 이어 두 번째로 말씀드릴 것은 대학 평준화입니다. 파리에는 모두 13개의 대학교가 있는데 이름이 전부 '파리대학교'입니다. 우리처럼 A대학, B대학, C대학, 하지 않고 파리1대학, 파리2대학, 파리3대학…, 이래요. 제 딸은 파리3대학을 나왔고 둘째 아이는 학부는 파리10대학을 나와서 대학원은 파리1대학을 다녔어요. 평준화되어 있어서, 예컨대 학부는 전공에 따라 가까운 지역의 대학에 가는 겁니다. 그런 다음에 대학원은 자기가 배우고자 하는 교수 따라 가는 거예요. 점수에 따라 수도권과 지방으로 갈리는 우리로서는 상상도 할 수 없는 일이죠. 그런데 프랑스가 원래부터 이랬던 것은 아닙니다.

프랑스 대학이 평준화된 것은 2차 대전 이후예요. 당시 진보적인 교육사회학자들이 교육을 통한 계층 이동을 연구했습니다. 가난한 노동자의 자식들도 판사나 의사 같은 상위층으로 진출할 수 있느냐를 두고 토론을 거듭했죠. 그랬는데 놀랍게도 교육을 통한 계층 이동이 거의 불가능하다는 결론에 도달합니다. 교육이 가난의 대물림을 부추기고 이를 정당화하는 수단이 되어버렸다는 거예요. 결국 대학입학 자격시험의 기준을 낮추고 전체 대학을 평준화하는 조치를 하게 됩니다. 누구나 쉽게 대학에 진출할 수 있도록 한 거예요. 그 대신 대학 내의 경쟁이 매우 치열합니다. 중간에 탈락하는 사례가 속출하죠. 그래서 프랑스에서 이력서를 볼 때 중요한 것이 어느 대학이냐가 아니라 몇 학년까지 다녔느냐입니다.

우리나라는 대학에 들어가는 순간, 경쟁이 끝납니다. 물론 취업 경쟁이 있습니다만, 일단 대학만 놓고 보면 졸업을 보장하잖아요. 대학 졸업장이 평생을 따라다닙니다. 거의 이걸로 사회적 신분이 결정되다시피 하지요. 그런데 정작 대학에 가면 어때요, 공부합니까? 한다 해도 대개 전공과 무관한 영어 공부, 고시 공부를 하죠. 프랑스 학생들은 상상도 못 할 일입니다.

예컨대 프랑스 법과대학의 경우는 한 학년 올라갈 때마다 20퍼센트 이상이 탈락합니다. 매년 비율이 조금씩 달리 나오긴 하지만 대학 2년을 2년 동안 마치고 3학년에 올라가는 학생 비율은 28퍼센트 정도밖에 안 돼요. 그리고 3년 동안 2년 과정을 마치는 비율이 44퍼센트입니다. 1년 정도는 봐주는 거예요. 그런데 여기서도 못 통과하면 퇴출입니다. 그렇게 되면 이력서에 '대학 2년 수료', 이렇게 쓰는 거예요. 학사관리가 매우 철저합니다. 대학에서 공부를 안 하려야 안 할 수가 없어요.

청소년 대학에서는 어떤 것들을 배우나요?

홍세화 전공마다 차이가 있지만 공통적으로 인문학을 중요시합니다. 아리스토텔레스의 유명한 명제가 바로 "사람은 사회적 동물이다"잖아요. 사람을 알려는 것이 인문학이고 사회를 연구하는 것이 사회과학입니다. 우리가 인문사회과학을 공부하는 이유예요. 그래서 프랑스에서는 자본주의에 대해 일찌감치 배웁니다. 바로 자신들이 살아가는 사회의 운영 원리니까요. 초등학생들도 자본주의 사회의 모순을 알지요. 우리나라에서는 자본주의를 가르치지 않습니다. 그러니 내가 사는 사회를 제대로 이해할 수 있겠어요?

예컨대 자본주의 사회에서 노동의 가치를 제대로 이해하지 못하면 자기가 일한 만큼 받을 수 있을까요? 자본주의를 배우지 못한 우리는 은연중에 노동을 천하고 피해야 할 것으로 생각합니다. 자신은 노동자가 아니라고 생각하거나 자기 자식은 노동자가 안 되기를 바라지요. 현실에선 대다수가 노동자임에도 말입니다. 이런 것들도 프랑스와 한국 교육의 큰 차이라고 할 수 있어요.

청소년 자아실현에 대해 말씀하시면서 유보하되, 포기는 말자고 하셨는데요. 끝까지 미루면 결국 포기하는 것과 마찬가지 아닐까요?

홍세화 당연하죠. 그래서 끝까지 유보하는 일이 없어야 합니다. 그러려면 말씀드렸듯이, '소박한 생존'에 만족해야 해요. 예컨대 꼭 강남에 아파트가 있어야 하나요? 세 식구 지내는데 사오십 평 아파트는 낭비 아닌가요? 사람들은 생존적인 필요가 아니라 과시나 사회적 시선 때문에 그런 집을 구입하는 경우가 많아요. 그러지 말자는 겁니다. 소박한 생존 조건에서 멈출 줄 아는, 내 삶의 목표는 자아실현에 있지 유복한 생존에 있지 않다는 사실을 자각하는 게 중요합니다. 그래야 자아실현의 길로 나아갈 수 있어요. 그 앞에서 멈추었을 때 길이 열립니다. 안 그러면 힘들어요. 인간의 욕심이라는 게 끝도 없잖아요. 지금 한국 사회가 그 어느 때보다 물질적 욕망이 팽배한 상황이기에 더욱 조심해야 합니다.

청소년 생각의 주인이 된다는 개념이 아직도 이해가 잘 되지 않습니다.

홍세화 내 생각의 주인이 나인지 그렇지 않은지를 알려면 '이것은 진짜 내 생각인가?' 하는 질문을 던져야 합니다. 예컨대 나는 의대에 가고 싶다, 정말 그런가? 어쩌면 부모가 원해서, 혹은 드라마에 멋지게 나와서, 돈을 많이 벌기 때문에 가고 싶은 건 아닌가? 이런 질문이 가능하겠지요. 지금 여러분 마음에는 여러 욕망이 있을 거예요. 어떤 욕망은 정말 나의 본원적인 내면에서 나온 것이고 또 어떤 것은 누군가가 은연중에 내 안에 주입한 욕망일 것입니다. 이 두 가지를 구별할 수 있어야 해요. 그러려면 자기 자신을 들여다볼 수 있어야 합니다. 즉 자기 성찰이 필요한 거예요. 독서와 토론, 그리고 다양한 경험을 버무린 성찰, 이 과정을 통하여 진짜 내 생각을 빚어낼 수 있습니다. 온전히 자기 생각의 주인이 되는 것이지요. 하루아침에 이룰 수 있는 일은 아닙니다. 끊임없이 회의하고 자기 자신과 사회에 질문을 던지세요. 언젠가는 나만의 눈으로 세상을 보고 있는 자신을 발견하게 될 겁니다.

2강

타인과 함께하는 아름다운 삶

– 이계삼(〈오늘의 교육〉 편집위원)

책상에 앉아 책을 보는 게
공부라고 생각하는데 그건 공부의 일부일 뿐이에요.
그리스 철학자들은 길거리에서 사람들과
토론하면서 자기 철학의 기틀을 세웠습니다.
저도 여러 인연을 통해 공부를 했고요.
그 자체로 좋은 공부, 좋은 책이란
없다고 생각합니다.

이계삼

중등 국어 교사로 11년간 일했다. 〈오늘의 교육〉 편집위원이며, 경남 밀양에서 밀양송전탑반대대책위 사무국장으로 일하고 있다. 여러 매체에 기고하고 있으며, 이를 묶어서 몇 권의 책을 냈다. 쓴 책으로는 『나에게 품이란 무엇일까?』(공저), 『영혼 없는 사회의 교육』, 『변방의 사색』, 『삶을 위한 국어교육』, 『청춘의 커리큘럼』, 『고르게 가난한 사회』, 『교육 불가능의 시대』(공저) 등이 있다.

타인과 함께하는 아름다운 삶

안녕하세요. 저는 경남 밀양에서 국어 교사를 10년 넘게 하다가 그만두고 지금은 밀양송전탑반대대책위 사무국장으로 일하고 있습니다. 저도 여러분과 같은 평범한 학생 시절을 보냈습니다. 여느 애들처럼 수업을 들으면서 나중에 좋은 대학에 가서 고생 안 하고 잘살자는 생각으로 하루하루를 지냈죠. 그래서 이런 강연을 들어본 적이 한 번도 없어요. 그러다 30년 세월이 흐르고 난 지금 그때 생각했던 삶에서 상당히 벗어나 있다는 걸 느낍니다. 사람의 운명이란 제각각인 거 같아요. 그러고 보면 삶은 미리부터 조바심낼 일이 아닌 것 같아요. 살다 보면 또 살아지는 것 같고, 그것이 어떤 길로 자신을 이끌어가는 것이니까요.

나의 삶과 한국 현대사

오늘 여러분께 들려 드릴 이야기는 '삶'입니다. 사십대인 제가 삶을 말한다는 게 주제넘은 일일 수도 있습니다만, 그래도 꼭 들려 드려야겠다 싶은 말씀을 크게 네 가지 주제로 추려봤습니다. 바로 역사, 돈,

기술, 시간입니다.

역사 이야기부터 하지요. 누구에게나 '이력'履歷이라는 게 있습니다. 그 사람이 살아온 길을 말하지요. 한 사람 한 사람의 이력이 쌓이면 역사가 되겠지요. 우리가 배우는 역사는 한 사회가 걸어온 길이에요. 그럼에도 우리가 떠올리는 역사는 왠지 내 삶과는 무관한 것처럼 느껴지지요. 학교에서나 배우는 어떤 특정한 사건을 역사라고 생각합니다.

예컨대 명성황후 시해사건에 대해 우리는 알고 있습니다. 조선의 '국모'가 일본인 낭인들에게 잔인하게 살해당한 사건이지요. 이 사건을 떠올릴 때마다 우리는 수치심을 느낍니다. 이를 둘러싼 정치적 배경도 함께 배우지요. 명성황후와 시아버지인 대원군과의 관계, 명성황후의 정치적 입장과 외세의 개입, 당시 한반도를 둘러싼 청나라, 러시아, 일본의 야망 등, 한 가지 사건을 놓고 다양한 측면에서 해석합니다. 우리는 이를 안타깝고 불행한 과거의 일로 정리하기보다, 중요한 정치적 '사건'으로 볼 수 있어야 합니다.

또 하나 '동학농민운동'을 예로 들겠습니다. 둘 다 시험에 자주 나오는 것들이죠. (웃음) 탐관오리의 수탈을 견디다 못해 농민들이 들고 일어섭니다. 그러다가 점점 반외세·민중항쟁의 성격을 띠게 되지요. 이들은 지주제 철폐와 신분제로부터의 해방, 외세 척결 등을 내세웠습니다. 세력을 확장하던 동학군은 결국 관군과 일본군에 의해 진압당합니다. 이때 동학이 외세를 물리치고 봉건사회를 개혁했다면 지금 우리나라의 모습은 많이 달라져 있을 겁니다.

이것이 오늘날 우리가 수업시간에 배우는 '역사'예요. 이 밖에도 굵

직굵직한 사건들이 많습니다.

그렇다면 여러분, 이런 역사적 사건들은 지금의 나와 무슨 관련이 있는 걸까요? 사건의 배경, 전개 과정, 사건의 의의, 이런 걸 달달 외운 친구들도 아마 이 질문에 답하기 힘들 겁니다. 우리가 역사를 배우면서 그런 생각을 한 번도 안 했기 때문이에요. 저도 마찬가지입니다. 한 공동체의 이력인 역사를 내 삶과 잘 연결 짓지 못했어요. 그러다 대학에 들어가서 생각이 바뀝니다.

평범한 학창시절을 보내고 대학에 들어간 저는 엄청난 문화적 충격을 받았습니다. 1991년 강경대라는 학생이 사망하는 사건이 발생해요. 저와 같은 1학년 신입생이었는데 시위를 하다가 백골단이라고 하는 경찰 사복 체포조에게 맞아 죽어요. 당시에는 시위가 잦았고 이를 막는 전투경찰의 폭력이 도를 넘어선 지 오래였죠. 일반 전투경찰과 달리 백골단은 청바지에 은빛 헬멧을 쓰고 다녔습니다. 손에는 커다란 쇠파이프를 들고 있었지요. 그날 이후 전국에서 학생들이 들고일어났습니다. 당시 대통령이던 노태우의 퇴진을 요구하는 함성이 전국을 휩쓸어요. 막 스무 살이 된 저는 수업을 빼먹고 시위대를 쫓아다니는 일이 많았습니다. 그러던 어느 날 서울에 사시는 고모님이 저를 불러요.

워낙에 시국이 어수선하니까 주의를 좀 주시려고 했던 것 같아요. 저를 앉혀놓고 부모님 살아오신 이야기를 합니다. 요지는 그렇게 고생해가며 공부시켰는데 네가 엇나가면 되겠느냐는 것이었지요. 그런데 저는 다른 의미로 충격을 받았습니다. 부모님은 저한테 당신들 삶의 이력에 대해서 한 번도 이야기해주신 적이 없었거든요. 명색이 나라의 역사를 고민한다는 학생이 정작 자신의 뿌리에 대해 알지 못한다는 자괴감이 들었습니다.

저희 아버지는 함평 이씨입니다. 전라도 함평을 관향貫鄕으로 하는데, 7대조 할아버지 때는 '잔반'殘班으로 서울에서 그저 그렇게 사셨다고 해요. 잔반은 벼슬을 못 해서 평민과 다를 바 없는 양반을 말합니다. 간혹 무반武班이 나오기도 했지만 조선 후기에 가서는 이마저도 명맥이 끊어져서 생계가 아주 어려웠다고 해요. 그래서 나중에는 경상도 밀양으로 거처를 옮깁니다. 그곳에서 여주 이씨 명문가의 소작농으로 살면서 조금씩 땅을 개간합니다.

그러다 일제 강점기에 들어서 동양척식주식회사에 개간한 땅들을 죄다 빼앗겨요. 토지 장부에 등재가 안 되어 있다는 이유로 대대로 농사짓던 땅이 하루아침에 사라집니다. 증조할아버지 대의 일입니다. 증조할아버지, 할아버지 식구들이 먹고살기 위해 일본으로 건너갔습니다. 오사카, 그러니까 일본의 간사이關西 지역인데 당시 조선 사람들이 꽤 살고 있었어요. 그곳에서 증조할아버지와 할아버지, 할아버지 형제들은 공장 노동자로 일합니다. 돈을 조금씩 모으던 차에 2차 세계대전 말기가 되면서 일본에 대한 연합군의 폭격이 빈번해집니다. 생명의 위태로움을 느낀 할아버지 형제들이 의논 끝에 다시 조선으로 돌아가기로 해요. 그래서 할아버지를 제외한 나머지 형제분들, 저희 아버지, 모두 시모노세키 항구에서 배를 타고 부산으로 옵니다. 그런데 일본에 남아 일을 처리한 후 합류하겠다던 할아버지께서 돌아가시고 맙니다. 해방을 열흘쯤 앞둔 무렵이었는데, 타고 오시던 배가 연합군의 폭격으로 침몰한 거예요. 아버지로선 엄청나게 큰 사건이었죠. 졸지에 소년 가장이 되어버린 거예요. 막상 조선에 돌아오긴 했지만 먹고살 길이 막막했던 아버지는 결국 다니던 학교를 그만둡니다. 낮에는 밀양역에서 구두닦이를 하고 저녁에는 나무 짐을 메고 팔러 다녀요. 나중에는 전국을 떠돌면서 풀빵 장사도 하고, 안 해본 일이 없었다고 해요.

이번엔 제 어머니 이야기를 해드릴게요. 어머니는 평양 출신이에요. 한국전쟁 때 평양은 엄청난 타격을 입습니다. 남아 있는 건물이 하나도 없다고 할 정도로 폐허가 되었지요. 당시 외가 쪽 식구들이 폭격을 피해 가까운 연평도로 피난을 갑니다. 그때 어머니는 가족과 생이별을 하게 돼요. 고아가 된 겁니다. 다행히 어느 인심 좋은 푸줏간 집 수양딸로 들어가 살게 됩니다. 지금도 그렇지만 연평도 하면 조기로 유명합니다. 철이 되면 전국에서 사람들이 모여들지요. 그때 풀빵을 팔러 갔던 아버지가 어머니를 만납니다. 그 뒤 두 분이 밀양으로 함께 내려와 살게 되고 제가 태어나지요.

제가 충격을 받은 건 부모님과 제 삶에 고스란히 녹아 있는 우리의 현대사 때문이었습니다. 만약 그때 미군이 폭격을 안 했더라면, 만약 할아버지가 탄 배가 침몰하지 않았다면, 아버지가 풀빵 장사를 안 했다면, 저는 태어나지 못했을 겁니다.

여러분 부모님이나 이전 세대 분들은 제 이야기에 공감하실 겁니다. 엄청나게 고생들을 하셨어요. 그분들이 살아오신 때가 바로, '전쟁의 시대'였기 때문입니다. 세계 역사에서 최근 200년을 규정하는 키워드는 '전쟁'입니다. 식민지 전쟁은 물론 세계 1, 2차 대전과 한국전쟁, 베

트남 전쟁 등 참혹한 전쟁이 계속해서 이어집니다. 그런 세월을 살아오신 거예요.

여러분도 부모님께 한 번 여쭤보세요. 어린 시절 어떤 일들을 겪었는지, 할아버지 할머니는 어떻게 살았는지…. 어렵고 멀기만 했던 '역사'가 내 앞으로 성큼 다가오는 걸 느낄 수 있을 겁니다. 그러면 명성황후 시해를 몰락해가는 왕가와 외세의 갈등에서 벌어진 사건으로만 볼 수 없고, 동학농민운동도 수많은 민중 항쟁 중 하나로 여길 수 없는 것이겠죠. 세계대전도, 한국전쟁도, 폭격과 피란살이도, 실은 바로 오늘 이곳을 살아가는 '나'의 주체를 형성한 중요한 구조적 뼈대가 되는 것이라고 저는 느낍니다. 그리고 그것이 오늘의 저와 우리의 삶의 조건을 아주 강하게 규정하고 있어요. 이것이 제가 그나마 자각한 '역사'입니다.

우리가 몰랐던 '돈'의 본질

다음으로 '돈' 이야기를 해드릴 차례네요. 여러분, '돈'과 '삶'은 어떤 관계일까? 돈 없이 못 살죠? 누구나 살기 위해 돈을 벌어야 합니다. 여기에 서 있는 저도 마찬가지예요.

제가 교사로 일할 때입니다. 선생님들도 월급쟁이라서 각종 수당이 붙습니다. 예컨대 자율학습 감독을 하면 얼마씩 나와요. 애들은 억지로 힘들게 공부하는데 선생님들은 뒷짐 지고 왔다 갔다 하죠. 보충수업도 합니다. 방학 때 나와서 수업을 하면 그에 상응하는 급여를 받아요. 액수가 적지 않아서 그걸로 필요한 것들을 요긴하게 해결하기도 해요. 세상사가 실은 다 '돈'으로 얽혀 있어요.

제가 서울 올라오는 길에 지난 길담서원 청소년인문학교실의 강연을 묶은 책 『나에게 돈이란 무엇일까?』이시백 외 지음를 읽어보았습니다. 특히 재미있게 읽었던 부분은, 소설 『모모』를 새롭게 해석한 대목이었어요. 저도 어렸을 때 읽었는데 그때는 전혀 그런 의미인지 몰랐거든요. 『어린 왕자』도 그렇습니다. 어렸을 때는 그저 그렇다고 생각했었어요. 그러다 스물다섯 살에 군대에서 제대한 후 그 책을 다시 읽었습니다. 그러곤 충격을 받았어요. 이야기에 숨어 있는 심오한 의미가 새롭게 다가왔습니다.

어쨌든 그래서 '돈' 이야기를 조금 말씀 드리자면, 요즘처럼 '돈'이 위력을 발휘하는 시대가 없는 것 같아요. 제가 아무리 아름다운 이야기를 한다고 해도 결국 여러분도 돈을 벌어서 먹고살아야 해요. 이건 자본주의 시대를 사는 사람의 숙명입니다. 돈 때문에 힘들어하고 돈 때문에 행복해합니다. 이토록 중요한 '돈', 그렇다면 이 '돈의 본질'에 대해 우리는 얼마나 알고 있는 걸까요?

만 원짜리 한 장을 보겠습니다. 앞장에 세종대왕 초상화와 금액, 한국은행과 조폐공사 표시가 되어 있습니다. 만져보면 반들반들하지요. 딱 보면 그냥 종잇장에 불과합니다. 사람들은 왜 이 종잇장에 그토록 목을 매는 걸까요? 바로 '교환가치' 때문입니다. 이 종잇장을 내면 물건을 살 수 있어요. 엄밀하게 말하면 물건과 바꾸는 것이지요. 또한 이

종잇장을 주면 사람을 내 뜻대로 부릴 수 있습니다. 이것도 엄밀하게 말하면 그 사람의 서비스 혹은 노동력과 맞바꾸는 것이지요. 이것은 화폐가 가지는 본질적인 기능입니다. 아주 오래전 선사시대에도 '돈'이 있었지요. 우리가 교과서에서 배운 조개껍데기나 금, 은이 그렇습니다. 문명이 진화하고 나서는 동전을 만들었죠.

국가가 돈을 찍어내기 시작하면서 이 돈의 가치를 그에 상당하는 물건으로 보증합니다. 금본위제, 은본위제 같은 말 들어보셨지요? 사람들이 국가가 찍은 돈을 언제든 금이나 은으로 바꿀 수 있었어요. 누구든 이걸 믿고 거래할 수 있었지요.

전 세계 자본주의의 중심 국가인 미국은 오래전부터 금본위제를 실시해왔습니다. 그러다 1972년에, 미국 대통령 닉슨이 이 제도를 폐지해요. 즉, 돈을 찍어낼 때 그에 해당하는 금을 나라가 모아두지 않겠다는 거예요. 그냥 찍는다는 얘깁니다. 국가 자체를 신용의 근거로 삼은 거예요. 그때부터 돈이 마구마구 쏟아집니다. 물론 물가를 고려하기는 합니다만, 정책적으로 돈을 찍어내는 데 아무런 어려움이 없습니다. 결과적으로 닉슨 이후로부터 오늘날의 금융제도는 돈이 생산되는 양을 기하급수적으로 늘렸지요.

은행이 어떻게 돈을 버는지 한번 볼까요? A라는 친구가 B라는 은행에 100만 원을 맡겨요. 이것은 실제로 존재하는 '현물'입니다. A는 대신 이자를 받습니다. 이 이자는 새롭게 생긴 돈이에요. 그전에 없던 거죠.

한편, B은행은 A가 맡긴 돈을 어떻게 할까요? 다른 사람에게 빌려주겠지요. 가만히 갖고 있으면 손해를 보잖아요. A가 예금한 돈을 필요한 사람에 빌려주고 이자를 받습니다. 그런데 언제든 돈을 내줄 수 있도록 일정 비율의 돈을 보관해야 해요. A가 예금을 되찾을 수도 있으니까요. 이걸 은행의 '지급준비율'이라고 합니다. 예컨대 지급준비율이 10퍼센트로 정해졌다고 칩시다. 이 기준에 의하면 B은행은 A로부터 받은 100만 원 중에서 10퍼센트에 해당하는 돈 10만 원을 중앙은행인 한국은행에 맡겨야 합니다. 나머지 90만 원으로 대출을 하든 투자를 하든 하겠죠. 어쨌든 이 돈은 B은행의 '자산'입니다.

B은행이 이 돈 90만 원을 또 다른 사람 C에게 빌려줍니다. 그런데 C는 B은행에서 빌린 이 돈을 쓰지 않고 D은행에 예치합니다. 그러면 D은행은 이 돈의 90퍼센트인 81만 원을 또 다른 사람 E에게 빌려줄 수 있지요. 이때 81만 원은 D은행의 자산이 되고요. 이런 식으로 계속 빌려주고 하다 보면 현물 100만 원에서 무려 1000만 원에 이르는 금융자산이 생겨납니다. 마술 같지요? 오늘날 금융이라는 것은 이처럼 실제 존재하는 돈보다 훨씬 많은 '가상의 돈'들로 이루어집니다. 우리나라만 해도 실제로 만질 수 있는 돈은 전체의 3퍼센트밖에 안 된다고 해요. 나머지 97퍼센트는 전부 다 '줄 돈' 혹은 '받을 돈' 즉 신용거래입니다. 실제로 일해서, 혹은 상품을 팔아서가 아니라, 돈이 돈을 버는 게 오늘날 금융자본주의예요. 그러다 보니 문제가 생기기도 해요.

대표적인 게 2008년 전 세계를 뒤흔든 미국의 '서브프라임 모기지론' 사태에요. 쉽게 말씀드리면 돈 갚을 능력이 안 되는 사람에게 집을 담보로 은행에서 돈을 꿔준 거예요. 이걸 담보로 만든 '파생상품'을 팔고 그 상품을 담보로 한 또 다른 '파생상품'을 만들어서 팔고…. 그러다 이자를 못 갚는 사람들이 속출하면서 줄줄이 파산한 거예요.

우리나라도 위험 신호가 계속 들어오고 있어요. 지금 주택담보대출 액수가 어마어마합니다. 집 살 때 은행 빚 안 지는 사람이 드물 정도예요. 집값이 워낙에 비싸고 대출 이자가 낮다 보니 너도나도 대출을 받습니다. 은행에서도 적극적으로 유도해요. 경기가 안 좋다 보니 은행들이 기업에 투자하는 게 아니라 개인을 상대로 돈놀이를 합니다. 문제는 그러다 이자를 못 갚는 사람들이 많아질 때입니다. 지금도 한 달에 수백만 원이나 되는 대출 이자에 허덕이는 '하우스 푸어' 이야기가 종종 뉴스에 나오죠? 만약 누군가 이자를 못 내면 은행은 원금을 회수하려고 담보로 잡은 집을 처분합니다. 문제는 이런 집들이 여럿일 때예요. 수많은 매물이 쏟아지면서 집값이 폭락합니다. 집값이 폭락하면 어떻게 돼요? 원금 회수에 실패한 은행들이 줄줄이 망하는 사태가 벌어질 수도 있다는 거예요.

정리하자면, 오늘날 돈은 한마디로 '거품'입니다. 땀 흘려서 돈을 버는 게 아니라, 돈이 돈을 버는 세상이에요. 과거의 자본주의는 공장에서 상품을 만들고 이걸 팔아서 자본을 축적했습니다. 그런데 지금 금융자본주의는 돈을 빌려주고 돈을 버는 시스템이에요.

이런 상황이라면 누가 돈을 벌까요? 당연히 돈이 많은 사람입니다. 그래서 너나 할 것 없이 돈을 벌려고 그토록 애를 쓰는 거예요. 일종의 아이러니죠. 돈을 쓰려고 버는 게 아니라 돈을 벌려고 돈을 버는 거니까요.

그런데 이 돈의 가치는 고정불변이 아니에요. 나라마다 다릅니다. 한국 돈이 다르고 일본 돈이 다르죠? 보통 잘사는 나라의 돈 가치가 가난한 나라의 돈 가치보다 높습니다. 그리고 돈은 시간이 지날수록 그 가치가 변해요. 보통은 갈수록 떨어집니다. 예컨대 지금의 1만 원 가치는 제가 대학생이던 20년 전과 천지 차이입니다. 아직도 기억나는 게 대학 1학년 때 시내버스비가 170원이었어요. 학교 앞 분식집 라면이 500원이었고요. 이렇게 돈의 가치가 계속 떨어지는 상황에서는 어때요, 더 많이 벌어야죠. 물가가 오른 만큼 실질 소득도 올라가야 생활을 유지할 수 있습니다. 우리가 계속 돈에 허덕일 수밖에 없는 이유예요. 예전보다 더 오래 더 열심히 일하는데도 형편은 나아지지가 않는다고들 하죠. 세상이 좋아졌다고는 하지만 우리 삶은 여전히 무언가에 쫓기고 있는 것처럼 느껴집니다.

오히려 빚만 늘었다는 분들도 계세요. 그럴 수밖에 없습니다. 왜냐하면 우리 경제 시스템 자체가 '빚'으로 굴러가기 때문이에요. 아까 말씀드렸듯이 금융 자본주의하에서는 빚을 권장합니다. 빚내서 집 사고 차 사고 심지어 요즘은 학교도 빚내서 다니죠. 빚 한 푼 없이 온전히 사는 사람들을 찾기 어려울 지경이에요. 우리가 일상에서 사용하는 신용카드도 일종의 '빚'입니다. 먼저 쓰고 나중에 갚는 거잖아요. 사정이 이렇다 보니까 이제는 돈을 벌려고 일하는 게 아니라, 빚을 갚으려고 일하는 꼴이 됩니다. 이런 악순환에서 벗어나지 못하면 우리 삶은 불행해질 수밖에 없어요.

한때 저는 제 부모님의 삶을 돌아보면서 허망하다는 생각이 들었습니다. 아버지는 제가 서른 살 때, 어머니는 서른다섯 살 때 돌아가셨습니다. 어머니는 평생 행상과 식당일을 하시면서 고생하셨는데 남은 것은 논밭과 집 한 채가 전부였거든요. 그러다 생각이 달라졌어요. 요즘 같으면 자식들에게 빚을 남기지 않는 것만도 다행이라는 생각이 들었기 때문입니다. 그만큼 힘든 시대를 우리가 살고 있는 거예요.

자, 지금까지 '돈' 이야기를 나누었고요. 다음으로 '기술'에 대해 이야기해보겠습니다.

인간을 위한 기술은 가능한가

저는 2013년도 봄에 『청춘의 커리큘럼』이라는 책을 한 권 냈습니다. 학교를 그만두면서 아이들에게 하고 싶은 말이 있었어요. 중요한 사상가의 이론을 알기 쉽게 풀이한 내용입니다. 야간 자율학습 감독하면서 틈틈이 썼어요. 아이들이 궁금했던지 만날 와서 흘끔거려요. (웃음) 그 책 맨 앞에 소개한 분이 에른스트 프리드리히 슈마허입니다. 독일 태생 영국의 경제학자로 『작은 것이 아름답다』라는 유명한 책을 쓰셨지요. 슈마허는 '기술'의 문제를 우리 삶에 있어 대단히 중요하게 생각합니다. 슈마허는 기술 발전과 기술의 타락이 우리 삶을 피폐하게 만들었다고 봅니다.

여러분, 한번 상상해보세요. 오늘날 사회는 한 해가 다르게 변하고 있습니다. 스마트폰 안 가지고 있는 사람 드물죠? 불과 10년 전만 해도 지금처럼 걸어 다니면서 은행 거래를 하고 전 세계인을 상대로 SNS를 할 수 있으리라고 생각한 사람은 없었습니다. 예전에는 친구와 이야기를 하려면 시간과 장소를 정하고 그곳까지 가야 했습니다. 오해가 생기면 만나지도 못하고 헛걸음하기가 일쑤였지요. 지금은 어때요, 버튼만 누르면 됩니다. 이건 보통 기술이 아니에요. 우리의 일상을 바꿔놓았잖아요.

예전에 제가 재미있게 본 영화 중에 〈아일랜드〉2005년라는 게 있습니다. 인간 복제 기술이 보편화된 미래 사회가 배경이에요. 사람들이 자신의 세포를 이용해 똑같은 복제인간을 만들어요. 섬에 가두어놓고는 필요할 때 그들을 수술대에 올려 장기를 이식합니다. 살다 보면 병에 걸리거나 늙어서 기능이 떨어질 때가 있잖아요. 예컨대 간이 나빠지면 자기랑 똑같이 만들어놓은 복제인간의 간을 떼어 이식하는 거예요. 복제인간들은 그 사실을 모릅니다. 자신들이 보통 사람이라고 생각하고 호출이 오면 이제 우리도 섬 밖으로 나간다고 생각할 뿐입니다. 사실은 섬을 나가는 순간이 죽는 날이지요.

어느 날 주인공 남자와 여자가 섬을 탈출합니다. 그리곤 자기와 똑같은 사람이 있다는 사실을 알게 되지요. 외모는 물론 목소리도 같아요. 자신이 복제품이라는 사실을 깨닫게 됩니다. 아주 충격적인 대목이죠. 그동안 생각했던 자기 정체성이 부정된 거잖아요. 여러분도 내가 누군가의 수명 연장을 위해 생산된 복제품에 불과하다고 생각해보세요. 어쨌든 해피엔딩으로 끝납니다만, 영화는 기술이 인류에게 장밋빛 미래를 가져다줄 것이라는 전망에 의구심을 품게 합니다.

생명 복제 기술이 인간의 수명을 늘려줄 거라 말하지만, 여기에는 도덕적, 윤리적 질문이 따릅니다. 생명이란 무엇인가? 복제된 세포로 빚어진 존재의 정체성을 어떻게 보아야 하는가? 같은 물음이죠. 이처럼 기술은 우리 삶의 근본을 바꿉니다. 여기에 대해 슈마허는 기술의 진보가 항상 옳은 것은 아니라고 말합니다. 슈마허는 근대 세계의 많은 문제들은 기술의 실패가 아니라 기술의 '성공'으로부터 발생한다고 이야기합니다. 기술을 중립적인 것으로, 잘 활용하면 좋은 것이고, 나쁘게 활용되면 악한 것으로 변하는 것이 아니라, 그 자체가 어떤 가치를 갖고 있다고 봅니다. 무제한적인 기술의 진보에는 제한이 있어야 한다고 주장하면서 '적정 기술'이라는 개념을 내놓습니다.

들어보신 분도 계실 텐데요, 적정 기술이란 지역과 인간적 특성에 맞는 기술을 말합니다. 예컨대 자동차를 봅시다. 자동차가 발명된 이후 우리의 삶은 매우 편해졌습니다. 예전 같으면 수십 일을 걸려 도착했을 곳을 불과 몇 시간 안에 갈 수 있으니까요. 우리 생활 방식 자체를 바꾸어놓았습니다. 그런 한편, 수많은 문제점을 낳았지요. 자동차의 수요가 기하급수적으로 늘면서 석유 사용량이 급증했기 때문이에요. 그러면서 지구가 더워졌지요. 탄소 배출에 의한 온난화 때문에 환경 피해가 극심합니다.

생활적인 측면에서도 그래요. 걸어 다니던 시절에는 세상을 직접 경험했습니다. 풍경을 느끼고 사람을 만날 기회가 많았는데, 자동차를 타고 다니면서는 자연이든 인간이든 그냥 지나칩니다. 사물과 이웃들이 스쳐 지나는 존재가 되었어요. 그러면서 사람과 사람 사이에 연결

되어 있다는 느낌이 사라집니다. 일종의 고립감이지요. 자동차가 사람을 개별화시키면서 빚어진 현상이에요.

슈마허는 이런 문제를 잘 알고 있었어요. 그래서 대안을 찾습니다. 자동차 같은 기술과 과거 우리가 사용했던 기본적인 도구들 사이에 적정한 중간 지점이 있을 거로 생각했어요. 그리고 이것이 인류를 살리는 기술이라고 생각했어요. 예를 들면 자전거가 그렇습니다. 자전거는 손쉽게 배우고 누구나 고쳐서 쓸 수 있어요. 가난한 사람도 타고 다닐 수 있습니다. 이웃을 만나고 풍경을 몸으로 받아들일 수 있습니다. 무엇보다도 자연세계에 해를 가하지 않습니다. 밥 한 그릇만 먹으면 10킬로미터는 그냥 가요. (웃음) 화석 연료로 인한 환경 오염 걱정이 없습니다. 이런 것이 바로 슈마허가 말한 '적정 기술'이에요.

기술은 양면성을 지닙니다. 우리 생활을 편리하게 하지만, 반대로 우리의 삶을 위협하기도 하죠. 예컨대 신기술이 발명되어 새로운 기계가 들어오면 그 일을 하던 사람은 실업자가 됩니다. 자동차 조립 과정에 로봇들이 쓰이죠? 그만큼 사람이 할 몫이 줄어듭니다. 자본가 입장에서는 기계설비 투자에 들인 돈을 노동자 해고로 보전하려고 하겠죠. 결과적으로 신기술이 노동자의 생존권을 위협하게 되는 겁니다.

예전에 한국도로공사의 요금 징수원들에게 하이패스 가입자를 늘리라는 지시가 떨어졌어요. '하이패스'라는 게 뭡니까? 자동차에 설치한 센서를 인식해서 요금을 청구하는 거잖아요. 요금 내려고 일부러 줄 서서 기다리지 않아도 됩니다. 운전자도 편하고 도로공사는 인건비를 아낄 수 있는 기술이지요. 그러나 요금 징수원도 그럴까요? 굳이 사람이 필요 없으니 해고될 게 뻔하잖아요. 결과적으로 자기가 나서서 자기 생존을 위협하는 일을 하는 꼴이에요. 자본의 속성상 기술 발전이 일자리를 줄이는 결과를 낳는 게 현실입니다.

우리가 잃어버린 시간

마지막으로 '시간'에 대한 이야기를 하고 강연을 마무리하겠습니다. 마하엘 엔데의 소설 『모모』의 내용을 잠깐 말씀드릴게요. 어느 날 '회색신사'들이 마을을 찾아옵니다. 이들은 다른 사람의 시간을 빼앗아 살아가는 존재들이었지요. 그들은 사람들에게 시간을 낭비하지 말라고 협박합니다.

지금 당신들은 시간을 낭비하고 있다. 사랑하는 여자에게 꽃을 바치며 사랑을 고백하는 시간, 몸이 아픈 어머니를 찾아가 그날 있었던 일을 들려주며 수다를 떠는 시간, 이런 것들은 모두 불필요한 시간이다. 그 시간에 일을 해라. 그러면 시간을 벌 수 있다. 나중에 필요할 때 언제든 꺼내쓸 수 있으니 시간을 저축해라….

마을 사람들은 결국 회색신사들의 꼬임에 넘어가 자신들의 시간을 빼앗깁니다. 예전에는 여유로운 삶을 즐기던 사람들이 죽도록 일하기 시작해요. 뭔가 잘못되었다고 느낀 주인공 모모는 사라진 시간들을 되찾고자 길을 나섭니다.

이것은 오늘날 죽도록 열심히 일하지만 여유롭고 인간다운 삶은 누리지 못하는 자본주의 사회에 대한 풍자입니다. 근대에 접어들면서 우리는 시간을 잃었어요. 과거, 시간이 우리들 자신의 것이었을 때 누릴 수 있었던 여유는 1분 1초도 아껴가며 경쟁해야 하는 사회가 되면서 모두 사라집니다.

시간은 흘러갑니다. 다시 돌아오지 않죠. 이파리는 뿌리로부터 시작해서 줄기가 나오고 가지가 뻗어난 후에 생기지요. 이것이 일반적인 자연의 시간입니다. 그래서 사람들은 이파리가 뿌리에서 생겼다고 생각해요. 뿌리가 먼저 있었으니까요. 그러나 저는 다르게 볼 수도 있다고 생각합니다. 과거는 지금 자신을 위해 존재합니다. 이파리가 없으면 뿌리와 줄기의 시간도 없는 거예요. 다른 말로 하면, 내가 죽으면 지금 이 시간도 죽는다는 겁니다. 이파리가 태어나면서 이 세계가 생긴 겁니다. 이파리가 떨어지면 그 세계도 같이 죽는 거죠. 저는 이처럼 각기 다른, 자기 존재만의 시간이 있다고 생각해요.

우리는 그런 자기만의 시간을 빼앗긴 채 살아갑니다. 태어나면서 죽을 때까지 해야 할 일투성이에요. 늘 어딘가를 향해 달려갑니다. 마치 한 번도 뒤돌아보지 않는 시간처럼 말이죠. 모든 시간이 정해져 있어요. 10대에는 공부를 하고 20대에는 취직을 하고 30대에는 아파트를 장만하고…, 이런 식입니다. 그러면서, 나중에 편안한 노후를 즐기려면 지금부터 시간을 아끼라고 말합니다. 놀랍게도 『모모』에 등장하는 악당인 회색신사들의 논리와 똑같아요. 저도 그렇게 살아온 사람 중 한 명입니다만, 우리는 이제 이것을 의심할 수 있어야 한다고 생각해요.

제가 교사 생활을 그만두게 된 계기가 있어요. 바로 '시간' 때문입니다. 10년을 열심히 일했고 나름대로 열심히 살았다고 생각했는데 돌아보니 달라진 게 없어요. 학교나 아이들의 삶, 나의 삶은 그대로입니다. 뭔가 근본적인 변화가 필요했어요. 아이들은 죽도록 공부해도 소수를 제외하곤 비정규직 노동자가 되거나 청년 실업자가 될 수밖에 없는 현실, 그런 현실을 안타깝게 지켜보다 제 시간은 끝날 것 같았습니다. 전혀 다른 시간을 살고 싶었어요. 그래서 학교를 그만두고 작은 농사학교를 하고 싶었어요. 그런데 그 초입에서 송전탑 반대 투쟁을 하게 되지요. 원래 하려고 했던 일은 제대로 시작도 못 하고 있습니다. 쉽지는 않습니다만, 그래도 이 시간은 완전히 내 것이라는 생각을 합니다.

지금까지 역사, 돈, 기술, 시간. 이 네 가지 열쇳말로 오늘날 우리의 삶에 대해 얼기설기 이야기했습니다. 실은 저도 이 네 가지의 문제를 겨우 '인식'하는 단계에 들어선 사람에 불과합니다. 어떻게 살아야 할지 몰라 늘 방황하고 있습니다만, 이 커다란 얼개를 '인식'한 것만으로도 매우 다행스럽게 생각합니다. 후회는 없을 겁니다. 앞으로도 많이 방황하고, 흔들리면서, 새로운 친구들을 만나고 싶습니다. 좋은 삶이란 결국 방황하면서 깨닫고 그러면서 친구를 만나는 과정이라고 생각해요.

제 이야기는 여기서 마칩니다. 감사합니다.

정의라는 이름의 씨앗

청소년 선생님께서는 밀양 송전탑 싸움에 참여하셨고, 책에서도 정의를 강조하셨는데요. 우리가 사회의 잘못된 점을 바로 잡으려면 어떻게 해야 할까요?

이계삼 여러분은 부당한 일에 항의해본 적이 있나요? 저는 교사로 재직할 때 특별히 양심적이거나 정의로운 사람이 아니었습니다. 오히려 겁이 많았죠. 그런데 몇 번 갈등 상황을 겪으면서 조금씩 달라졌어요. 학교에 몇 가지 문제 제기를 했습니다.

예컨대, 고등학생들은 1년에 몇 차례 교육청에서 실시하는 모의고사를 봅니다. 출제하는 곳이 사설기관이에요. 시험료를 1만 원쯤 냅니다. 지금은 더 올랐을지도 모르겠네요. 그런데 그중 8000원은 출제기관으로 넘어가고 2000원을 선생님들 기금으로 줍니다. 그 돈으로 회식도 하고, 학년 마치고 여행을 다니기도 해요. 그게 하나의 관행이 된 거죠. 그 문제로 많이 고민하고, 어설픈 '보이콧'도 실천에 옮겨보았습니다.

많이 힘들었어요. 우리 사회에 만연한 전체주의가 있어요. 보통 '전체주의' 하면 절대군주나 제국주의, 히틀러 이런 게 연상되잖아요. 그런데 제가 보기에 '관행' 역시 이런 전체주의의 일종인 거예요. 내 생각, 내 가치판단이 아니라 전체적인 흐름, 대세를 따르니까요. 문제를 뻔히 알면서도 어쩌지 못하는 이유가 있죠. 서로가 서로를 두려워하는 거죠. 이런 사회에서 '정의'는 그저 책 속에만 있을 가능성이 커요.

그렇다고 변화가 없었던 것은 아닙니다. 우선 제가 그런 난관에 부딪히면서 새롭게 현실을 인식할 수 있었고요. 아이들도 뭔가 문제의식을 갖게 되었습니다. 다른 반에도 '어라, 강제로 시험을 안 봐도 되네?' 하는 아이들이 생겼고 선생님 중에서도 저의 의견에 동의하는 분들이 있었습니다. 아주 느리게, 때로는 전진과 후퇴를 반복하면서 조금씩 문제가 달라질 것이라고 믿게 되었습니다. 저는 그런 경험이 민주주의를 발전시킨다고 생각해요. 상식과 정의를 실현하는 과정에서 부딪히는 숱한 난관들, 처음에는 힘들고 두렵겠지만, 결국 승리합니다.

밀양 송전탑 반대 투쟁을 할 때는 언론에다 알리는 역할을 많이 했습니다. 지역 분들의 요구와 전문가들의 의견을 종합해서 우리 주장의 정당성을 알렸지요. 그러면서 국문학 전공자인 제가 팔자에도 없는 전기 공부도 조금 했죠. (웃음) 그때도 무슨 특별한 정의감 때문에 나선 건 아니었습니다. 그저 인간적 도리에 따른 거였지요. 할아버지, 할머니 들이 간절히 부탁하시는 걸 뿌리칠 수 없었습니다. 워낙에 연로하신 분들이고 도와줄 사람들이 별로 없었기에 저와 제 지역의 동료들이 시작했습니다. 그런 의미에서 저는 '인연'이 중요하다고 생각해요.

우리가 읽는 위인전에는 여러 훌륭한 인물들이 나옵니다. 어린 시절에 그분들의 이야기를 읽으며 마치 정의의 화신 같다고 생각했습니다. 그런데 나이가 먹으면서는 조금 다른 생각을 하게 돼요. 어쩌면 그분들도 '인연' 때문이 아니었나 싶어요. 가령 간디가 인도가 아니라 영국에서 태어났다면 지금 우리가 아는 위인이 아니었을 거예요.

제가 이런 말씀을 드리는 이유는, 우리가 어떤 부당한 일을 겪었을 때 이에 맞서지 못하면 자책을 하게 됩니다. 나의 용기 없음에 실망하게 되지요. 저는 그럴 필요가 없다고 생각합니다. 누군가 특별히 정의로워서 내가 하지 못한 일은 한다고 생각하지 마세요. 그냥 '인연'이 있는 거예요. 내 의로움의 싹을 틔워주는 '인연' 말입니다. 그 '인연'이라는 게 가까운 친구일 수도 있고 역사적 현실일 수도 있어요.

그러니 내가 비겁한 겁쟁이일지도 모른다는 걱정은 하지 마세요. 정말 걱정해야 할 것은 든든한 친구들을 만들어야 한다는 것입니다. 내가 어떤 고난에 부딪혔을 때 힘이 되어줄 친구를 만드세요. 나 혼자 모든 걸 해결해야 한다는 마음이 고난을 회피하게 합니다. 자기 안에 있는 씨앗, 진실과 정의라는 이름의 그 씨앗을 잘 보존할 수 있도록 도와주고 지지해주는 친구, 인연을 만드세요. 이것이 제가 가진 답입니다.

청소년 『어린 왕자』를 두 번째 읽었을 때 처음과 달랐다고 하셨는데요. 어떤 차이가 있었나요?

이계삼 고등학생 때 처음 읽었는데 그때는 아이들 책 같다고 생각했어요. 그림도 그렇고 대사 하나하나가 그랬죠. 예컨대 "가장 중요한 것은 눈에 보이지 않아"라든지 "네가 오후 4시에 온다면 나는 3시부터 행복해지기 시작할 거야." 이런 글들이 낯간지럽기도 했어요. 그러다 제대하고 복학을 했을 때 다시 읽었습니다. 부모님께 용돈 타서 쓰는 게 미안해서 작은 보습학원에서 국어 강사 일을 했어요. 시장 근처라 그런지 장사하는 분들이 많아요. 이분들이 아이를 맡길 데가 없으니 어려서부터 학원에 보냅니다. 달리 할 일이 없어서 온 애들이 많다 보니 수업에 집중이 안 돼요. 방법을 찾다가 좀 흔한 책을 교재로 하기로 했습니다. 『어린 왕자』 베끼기를 했습니다. 그림을 그리고 좋은 구절이 있으면 그대로 써보라고 했습니다. 직접 낭독을 하기도 했고요. 연관되는 다른 작품들도 소개했습니다.

예컨대 어떤 친구가 "네가 오후 4시에 온다면 나는 3시부터 행복해지기 시작할 거야. 시간이 갈수록 난 점점 더 행복해지겠지." 이 대목을 꼽으면 황지우의 「너를 기다리는 동안」이라는 시를 함께 알려줬어요. 뜻밖에도 꽤 진지하고 좋은 이야기들을 많이 나누게 되었어요. 착하고 낯간지러운 이야기가 아니라, 우정과 만남, 소중한 것들을 이끌어내는 좋은 체험이었어요. 『어린 왕자』가 훌륭한 책이기 이전에 그 책 앞에 둘러앉은 우리의 관계가 그것을 이끌어냈던 것 같아요. 책상에 앉아 책을 보는 게 공부라고 생각하는데 그건 공부의 일부일 뿐이에요. 그리스 철학자들은 길거리에서 사람들과 토론하면서 자기 철학의 기틀을 세웠습니다. 저도 여러 인연을 통해 공부를 했고요. 그 자체로 좋은 공부, 좋은 책이란 없다고 생각합니다.

타인과 함께하는 아름다운 삶

청소년 선생님의 삶을 딱 한 문장으로 표현한다면 뭐라고 하시겠습니까?

이계삼 한 문장은 좀 어렵겠는데요. (웃음) 다만, 부모님의 삶에서 많은 것을 배웠다는 것 정도를 말씀드릴 수 있겠어요. 앞서 말씀드렸듯이 아버지는 구두닦이도 하시고 풀빵 장사도 하셨습니다. 결혼 후 어머니는 행상을 하시면서 저를 키우셨죠. 평양 출신이 경상도까지 내려와서 장사를 했습니다. 아버지가 밤새 쳐놓은 그물에 고기가 걸리면 그걸 대야에 담아 머리에 이고 다니셨지요. 밀양장, 구포장 등을 다니면서 파셨고 아버지는 아버지 대로 밭일, 논일도 하셨어요. 두 분 다 하루도 쉬지 않고 일하셨습니다. 어릴 때는 조금 부끄러웠어요. 우리 집이 가난하다는 게 싫었지요. 1980년대 초반이니까 잘사는 집들도 있었는데, 우리는 왜 그러지 못하나 싶었지요.

입대했을 때가 떠오르네요. 이등병 되기 전 그러니까 훈련병 때 가족 면회를 한 번 시켜줍니다. 그러면 온 식구들, 일가친척들이 모여들고 면회소는 도떼기시장으로 변해요. 저마다 한가득 음식을 싸오고 고기도 굽고 난리도 아니지요. 우리 식구들도 면회를 왔죠. 시간이 돼서 다시 내무반으로 돌아가려는데 어머니가 자꾸만 뭘 싸줘요. 동료들하고 나눠 먹으라는 거죠. 밀감도 주고, 남은 동태전도 부쳐서 도시락통에 싸주십니다. 여기에 간식으로 먹으라며 초코파이도 몇 박스를 싸서 주셨어요. 그래서 낑낑거리면서 들고 내무반에 돌아오니 음식을 싸온 사람이 저뿐이었어요. 당시 50명 정도가 같이 생활했는데 그중 제가 유일했습니다. 점호 끝나고 나서 나눠 먹었습니다. 저는 무엇보다도 제 동료까지 생각해준 부모님께 감사했습니다.

한번은 이런 일도 있었습니다. 1980년대 초반이었는데 어느 날엔가 저희 집에 걸인이 찾아왔어요. 그때는 '집게손'이라고 월남전 갔다가 손이 잘린 상이군인들이 돌아다니는 일이 있었거든요. 여기저기 떠돌며 밥을 얻어먹고 그랬습니다. 아무 때나 문을 벌컥 열고 들어옵니다. 보통은 쫓아내지요. 그런데 저희 어머니는 그분들 드시라고 상을 따로 차려줘요. 지금 생각해도 극진히 대하셨습니다. 당신 스스로 고아 출신이라 그런지 몰라도 불쌍한 사람을 보면 그냥 못 지나치세요. 행상을 하시면서도 동냥하는 사람들 지나가면 꾸깃꾸깃한 돈을 꺼내 손에 쥐여 주시곤 했죠. 그런 부모님의 삶을 옆에서 지켜보며 많은 것을 배웠습니다. 그러다 부모님께서 돌아가시고 나니 많이 허망했습니다. 인생 참 짧구나, 인생 별거 아니구나, 싶었지요. 사는 동안 뭔가 좋은 일을 해야겠다고 생각했습니다.

송전탑 싸움을 하면서 느낀 거지만 할머니들 마음이 무척 고우세요. 특별히 바라는 것도 없습니다. 그저 평생 농사지으며 살아온 그 땅에 남아 있기를 바랄 뿐이죠. 단지 그 이유로 오랜 시간 동안 그 힘든 싸움을 이어가고 있는 거예요. 관청의 회유와 자식들의 만류에도 꿋꿋이 버티고 계신 그분들에 대해 존경스러운 마음이 들었습니다.

친구들도 많이 얻었지요. 뜻있는 분들이 대책위를 꾸려서 지원을 아끼지 않았습니다. 자기 일처럼 나서서 도와주시는 분들도 많았습니다. 변호사도 만났습니다. 우리가 약하고 힘없는 사람 편에 서 있으면 친구가 생겨요. 보통 똑똑하고 잘나고 힘센 쪽에 있으면 도움 받을 필요성을 느끼지 못하잖아요.

마지막으로 제 친구 이야기를 하면서 답변을 마무리하겠습니다.

친구 중에 배우가 한 명 있습니다. 한번은 이 친구를 따라 공연 뒤풀이에 낀 적이 있어요. 그런데 연출가 선생님이 배우들 한 명 한 명에게 평을 해줘요. "너, 그때 왜 그랬어. 그렇게 치고 나오면 어떡하냐." 하면서 농담도 하고 혼도 내고 칭찬도 합니다. 저는 그 장면이 이후로도 기억에서 지워지지가 않아요. 마치 우리 인생을 보여주는 것 같았습니다.

인생이라는 연극이 끝났을 때 우리 삶은 어떤 평가를 받을 것인가, 하는 생각이 들었습니다. 불교에는 내세가 있지요. 지장보살과 아미타불 이런 분들의 기도와 용서로 다음 생에 짐승으로 태어나거나 사람으로 태어나게 된다고 하죠. 이때 각자의 삶이 심판을 받아요.

기독교에도 심판이 등장하죠. 사도 바울이 수제자인 디모데라는 청년한테 보낸 편지에서 자기 생을 이렇게 표현합니다. "나는 나의 달려갈 길을 달려갔고 의로운 길을 걸어갔기 때문에 의로우신 재판관인 우리 주님께서 나를 위해서 승리의 면류관을 내려줄 것이다."

저는 징벌하고 심판하는 하느님이 상상이 잘 안 돼요. 아마도, 그 연출가 선생님처럼 한 사람의 삶을 낱낱이 드러내고, 지적하고, 칭찬하고, 그러면서 반성하도록 권면하고, '다음 생에서는 더 잘해봐.' 이렇게 용서하고 되돌려주실 것 같아요.

겸손하게, 열심히 살고 싶어요. 좋은 일에 동참하고 싶어요. 거기서 좋은 친구를 만나고 싶습니다. 이것이 제가 가진 '인생론'입니다. 감사합니다.

3강

소유가 늘수록 빈곤해진다

– 조광제('철학아카데미' 운영위원)

우리는 보통 공부를 열심히 해야
나중에 행복할 거로 착각하지만 그건 가능성일 뿐입니다.
멋진 옷을 차려입고 넓은 아파트에서 맛있는 음식을
먹는다고 해서 행복하다고 말할 수는 없어요.
향유를 잘해야 우리 삶이 진정으로 윤택해지고
풍요로워집니다.

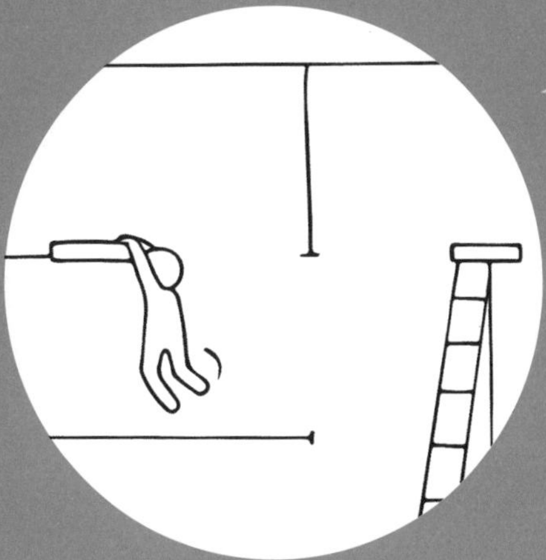

조광제

철학 전문 시민학교 '철학아카데미'를 설립한 뒤 운영위원을 맡고 있다. 예술철학, 몸 철학, 매체 철학에 이어 정치철학, 사회경제철학 등의 분야에 관심을 갖고 연구하고 있다. 쓴 책으로는 『나는 어떤 집에 살아야 행복할까?』(공저), 『10대와 통하는 청소년 인권 학교』(공저), 『존재의 충만, 간극의 현존』, 『의식의 85가지 얼굴』, 『몸의 세계, 세계의 몸』, 『철학라이더를 위한 개념어 사전』, 『인간을 넘어선 영화예술』, 『미술 속, 발기하는 사물들』, 『회화의 눈, 존재의 눈』 등이 있다.

소유가 늘수록 빈곤해진다

안녕하세요, 조광제입니다.

오늘 주제가 '삶'인데요. 제가 40년을 넘게 철학자로 살아오다 보니, 삶이란 무엇인가? 혹은 어떻게 살 것인가? 하는 질문을 피할 수가 없었습니다. 그럼에도 여전히 풀지 못한 숙제이기도 하고요. 청소년 여러분과 삶에 대해 이야기를 나눈다고 생각하니 한편 설레면서도 어떤 말을 해야 할지 고민스러웠습니다. 그래서 행복한 삶에 대해 이야기하는 건 어떨까 싶었어요. 우리는 누구나 행복해지고 싶어 하잖아요. 그래서 공부도 하고 일도 합니다. 그럼 어떻게 하면 행복하게 살 수 있을까요? 이 질문을 저는 '인문 예술적인 삶'으로 풀어보고자 합니다. 그럼 천천히 이야기를 시작해보겠습니다.

인간의 조건

철학은 인간을 탐구할 때 아주 근본적인 것에서 출발합니다. 바로 '생명'이에요. 우리가 우리 자신을 이해하려면 '생명'의 속성에 대해 알고 있어야 합니다.

생명은 자기를 유지하고 강화하려는 속성이 있습니다. 그리고 각각 '단독자'로서 존재해요. 하나하나 떨어져서 개별화되어 있다는 뜻입니다. 즉, 개별적이면서도 절대적인 게 생명의 본질이에요. 절대적이기 때문에 배타적이기도 합니다. 생명은 상호 배타적이에요. 여기서 '배타'적이라는 말은 우리가 보통 쓰듯이 싫어한다는 뜻이 아닙니다. 같은 생명이 동시에 둘 이상 존재할 수 없다는 뜻이에요.

인간도 마찬가지입니다. 인간은 한 사람 한 사람 개별적으로 존재합니다. '나'와 '너'는 엄밀히 달라요. 그렇기에 누구도 내 삶을 대신 살아줄 수 없어요. 그러나 여기에서 다른 생명체와 구별되는 인간만의 조건이 등장합니다. 바로 '사회'예요. "인간은 사회적 동물"이라고 했습니다. 혼자서는 살 수 없는 생명체가 바로 인간이에요.

지금 자신을 한번 보시겠습니까? 여러분이 입고 있는 옷, 누가 만들었죠? 지금 여러분이 앉아 있는 의자, 책상, 하다못해 분필 한 자루까지 누군가의 노력으로 만들어진 것입니다. 집에 가면 놓여 있는 가구, 전자제품, 생활용품들, 이런 것도 아마 시장이나 마트에서 사왔을 거예요. 예전에는 직접 농사를 짓고 필요한 물건을 만들어 쓰는 경우가 많았지만 자본주의 경제체제가 정착한 이후로 그런 일은 점점 줄어들었습니다.

인간을 규정하는 개별성과 사회성, 이 두 가지 조건은 우리에게 딜레마를 안겨줍니다. 생명체로서 개별성을 유지해야 하려면 배타적이어야 하는데 서로 의지하지 않으면 살아갈 수가 없는 거예요. 인간이 사는 데 꼭 필요한 게 뭐예요? (청소년: "밥, 식량, 돈…") 우리가 보통 의식주라고 부르는 것입니다. 우선 무엇보다도 먹을 게 있어야 하죠. 잠을 자고 쉴 수 있는 거처가 있어야 합니다. 추위와 더위로부터 우리 몸을 지켜줄 옷도 필요하고요. 우리 인간은 이런 삶의 기본적인 조건을 충족시키고 또 강화하기를 욕망합니다.

여러분, 욕망이 뭘까요? (청소년: "하고 싶은 거, 바라는 거….") 그렇습니다. 사전에 보면 "부족을 느껴 무엇을 가지거나 누리고자 탐함. 또는 그런 마음"이라고 나와 있습니다. 욕망은 결핍에서 오는 거예요. 대표적으로 식욕, 수면욕, 성욕, 자아실현 욕구 등이 있지요. 이런 욕망은 사회적인 에너지로 작용하기도 합니다. 왜 '에너지'냐, 바로 그 욕망들이 우리 사회를 움직이기 때문이에요.

의식주에 적용해볼까요. 우리가 입는 옷에는 우리들의 욕망이 가장 잘 투영됩니다. 화려하고 값비싼 옷을 입으면 주변 사람들이 부러워하지요. 유행에 따라 옷을 바꿉니다. 옷이 자기를 표현하는 수단이 된 지 오래예요.

사람은 밥을 먹어야 살지요, 그래서 누구나 밥을 먹지만, 그렇다고 누구도 똑같은 밥을 먹지는 않습니다. 어떤 사람은 겨우 끼니를 때울 만큼 먹고 또 어떤 사람은 매일 값비싸고 맛난 음식을 먹지요. 우리는 누구나 '맛있는' 음식을 욕망합니다. 이때는 살려고 먹는 게 아니에요. 즐기려고 먹습니다.

'주'宅는 또 어떻습니까? 경제적 수준에 따라 천차만별이지요. 누군가는 소박한 집에 만족하지만, 누군가는 어느 지역에 몇 평짜리 아파트를 가지고 있느냐를 중요하게 생각합니다. 한 사람이 여러 채의 집을 소유하기도 해요. 이럴 때 집은 거주가 아니라 이익이 목적입니다. 전국적으로 부동산 거품이 형성되고 있는 데는 이런 욕망이 자리하고 있어요.

자, 다시 본론으로 돌아와서 우리가 삶의 최소한의 요건인 의식주를 타자에 의지하고 있다는 사실로부터 존재의 '개별성'이 흔들린다고 말씀을 드립니다. 타자 없이 내 생명을 유지할 수 없는 묘한 이중성이 있기 때문입니다. 이걸 다른 말로 존재의 '모순'이라고도 하지요.

우리가 다른 사람 즉 '타자'를 이해하려면 먼저 주체와 대상이라는 개념을 이해해야 합니다. 아까 말씀드린 의식주를 예로 들어 설명하지요.

밥, 옷, 집을 '대상'으로 삼는 '나'는 곧 '주체'입니다. 밥을 얻기 위해 활동하는 주체가 바로 '나'예요. 옷을 입는 주체도 '나'이고 집에 거주하는 주체도 '나'입니다. 이렇듯 한 사람 안에도 여러 주체가 존재합니다. 일할 때는 일하는 주체이고 놀 때는 노는 주체예요. 공부할 때는 공부하는 주체입니다.

이걸 사람 사이에 적용해볼까요. 예컨대 오늘 이 자리에서 제가 강연을 하고 있습니다. 마이크를 들고 있는 제가 주체라면 이를 듣고 있는 여러분은 대상입니다. 그런데 만일 여러분이 질문을 한다면 그 주체는 여러분이고 대상은 제가 되지요. 따라서 주체와 대상은 절대적으로 존재하는 게 아닙니다. 상대성을 갖고 있어요. 나라는 주체는 너라는 대상을 전제로 합니다. 이렇듯 주체와 대상은 떼려야 뗄 수 없는 관계에 있어요.

주체와 대상의 관계에서 대상은 주체의 욕망을 반영합니다. 조금 어려운 개념인데요, 쉽게 풀어서 말하자면 이렇습니다. 예컨대 여러분이 햄버거 가게에 갔습니다. 주문을 하고 기다리다가 막 나온 햄버거를 한입 베어 물었다고 쳐요. 여러분은 이때 주체입니다. 그러면 대상은 뭐죠? 네, 햄버거겠죠. 그런데 이 햄버거에는 여러분의 욕망 즉, 배고픔 혹은 맛있는 음식을 먹고 싶은 욕망이 투영되어 있어요. 단, 먹기 싫은데 억지로 먹는 경우를 제외한다면 말이죠.

햄버거 가게에 가는데 혼자 가기가 싫어요. 친구에게 전화합니다. 만나서 신나게 대화도 나누고 게임도 하면서 햄버거를 먹습니다. 이때 내 친구 역시 대상입니다. 이 대상에는 내가 즐겁게 이야기하고 싶은 욕망이 투영되어 있어요.

이러한 욕망을 실현하는 것을 우리는 '향유'享有라고 말합니다. 자, 어려운 말 또 나왔어요. (웃음) 흔히 쓰는 말은 아니지만 들어본 친구들이 있을 겁니다. '향유'란 즐기는 거예요. 내가 욕망을 실현하면서 즐기는 겁니다. 햄버거를 먹으면서 식욕을 채우고 즐거움을 얻습니다. 친구를 만나서 재미있게 수다를 떨면서 즐거움을 얻어요.

여기서 향유의 특성이 하나 나오는데요. 지금, 여기, 즉 바로 이 순간에 이루어진다는 것입니다. 내가 햄버거를 한 입 베어 먹는 순간, 친구와 수다를 떠는 바로 그 순간 주체는 대상을 향유합니다. 햄버거를 다 먹고 친구와 헤어지고 나면 더 이상 향유할 것은 남아 있지 않아요. 지나간 추억이 될 뿐이지요.

여러분 집에 가면 옷장에 옷이 여러 벌 있을 겁니다. 어떤 옷을 보면

'아, 저건 예전에 참 좋아했었는데.' 이런 생각 들죠? 과거에 여러분은 그 옷을 통해 자기를 표현하는 즐거움을 느낀 겁니다. 즉 그 옷을 향유한 것이죠. 그러나 지금은 어때요. 옷장 속에 꼭꼭 숨겨져 있을 뿐이지요. 더 이상 향유하지 않습니다.

향유는 지금 여기에서 이루어지는 욕망의 충족입니다. 여러분의 지금 이 순간은 어떻습니까? 철학 강의가 너무도 즐거우신가요? 그렇다면 여러분은 이 강의를 향유하고 있는 겁니다. (웃음)

그럼 지금까지 나온 개념들을 정리해보지요. 먼저 '사회적 존재'로서의 인간에 대해 말씀을 드렸고요. 인간은 생명체로서 '배타성'을 가진다고 했습니다. 여기에 인간이 활동의 '주체'로서 '대상'을 통해 '욕망'을 실현하고 이를 '향유'한다는 얘기까지 했습니다. 자, 조금 더 가봅시다.

우리가 삶을 살아간다고 했을 때 그 삶은 '현재성'을 조건으로 합니다. 무슨 말이냐 하면 그 누구도 과거를 살거나 미래를 살지 못한다는 거예요. 인간은 '지금 이 순간' 존재합니다. 그것이 쌓여 과거가 되는 것이죠. 미래요? 미래는 아직 오지 않은 순간입니다. 따라서 예측할 수 있을 뿐이죠.

여러분은 살아오면서 '지금, 이 순간'을 한 번이라도 벗어난 적이 있나요? 현재성은 인간뿐만이 아니라 모든 생명체의 절대적 조건입니다. 그 현재라는 점들이 모여 삶이라는 선을 이룬다고 할 수 있지요. 그것들이 쌓여 기억이 되고, 한 사람 한 사람의 기억이 쌓여 역사가 됩니다.

마찬가지로 '내가 지금 향유하는 것'들이 쌓여 '나'라는 존재를 형성해갑니다. 내가 본 재미있는 영화, 내가 좋아하는 책, 내가 하고 싶은 일이 모여 지금의 나를 이루는 거예요. 그런 식으로 매 순간 '나'는 변화합니다. 철학에서는 이걸 '생성'生成이라고 합니다.

세상에 있는 것들은 모두 변화합니다. 강의를 듣기 전의 여러분과 지금의 여러분은 이미 다른 존재라고 할 수 있어요. 저도 마찬가지입니다. 방금 전의 저와 지금의 제가 같은 사람이라고 할 수 없어요. 다만 일관성을 유지하고 있을 뿐입니다. 그래서 '지금'이라고 하는 것은 '생성'이에요. 계속해서 새롭게 만들어지고 있는 겁니다.

지금 내가 무엇을 향유하고 있느냐에 따라서 미래의 향유가 달라집니다. 어릴 적부터 피아노를 열심히 배운 사람은 어때요, 음악을 이해하는 게 다르죠. 직접 연주를 해본 사람과 그렇지 않은 사람은 듣는 귀가 다릅니다. 유능한 지휘자는 오케스트라 단원의 각양각색인 소리를 모두 간파한다고 해요. 그래서 어느 악기가 속도가 빠른지, 어느 악기의 음이 다른지 알아채고는 이를 조절해준다고 합니다. 그렇게 되기까지 어마어마한 연습이 필요했겠지요. 즉, 지금 어떻게 향유하느냐에 따라 나중에 향유의 깊이와 폭이 달라진다는 말씀을 드리는 겁니다. 지금 무엇을 향유할 것인가, 이것이 앞으로 여러분이 세상을 느끼고 이해하는 데 중요한 역할을 할 거예요.

향유는 즐기고 누리는 겁니다. 이걸 잘해야 우리 삶이 행복해집니다. 우리는 보통 공부를 열심히 해야 나중에 행복할 거로 착각하지만 그건 가능성일 뿐입니다. 멋진 옷을 차려입고 넓은 아파트에서 맛있는 음식을 먹는다고 해서 행복하다고 말할 수는 없어요. 향유를 잘해야 우리 삶이 진정으로 윤택해지고 풍요로워집니다. 그럼 이제부터 '향유' 잘하는 법에 대해 말씀드리지요.

지금 이 순간 나는 행복한가?

제가 어릴 때 고구마를 무척 좋아했습니다. 하루는 어머니께서 고구마를 삶아 주셨어요. 형제들이 많으니까 손수 나눠줍니다. 그런데 사실 몇 개 안 되잖아요. 그래서 어머니가 나에게 준 고구마를 아끼느라 천천히 먹습니다. 때론 나중에 먹으려고 몰래 숨겨둡니다. 이유가 뭡니까? 향유를 연기하려는 거예요. 나중을 위해서 지금 향유하고픈 욕망을 억누르는 것이지요. 향유는 속성상 즉각적이라고 말씀드렸죠? '지금 여기서' 이루어지는 것인데 이걸 인위적으로 늦춰요.

여러분, 부모님이 용돈 주면 어떻게 합니까? 한꺼번에 다 써버리는 친구도 있을 테고 아꼈다가 조금씩 쓰는 친구들도 있을 거예요. 또 어떤 친구는 목돈을 만들 때까지 구두쇠처럼 지내겠지요. 각기 장단점이 있습니다. 한꺼번에 써버리면 나중에 사 먹고 싶은 게 있어도 못 먹습니다. 더 이상 향유할 게 없어져요. 그래서 조금씩 남기는 방법을 택합니다. 오늘은 이만큼 향유하고 나머지는 내일, 또 나머지는 일주일 뒤에…, 이런 식으로 합니다. 경제적인 관점에서 보면 효율적이지요. 문제는 향유를 완전히 미뤘을 때예요.

고구마를 아껴두었다가 나중에 먹으려고 몰래 숨겨놨습니다. 그런데 어느 날 와 보니 고구마가 없어요. 우리 형이 감춰둔 걸 용케 찾아서 날름 먹어버린 거예요. 차라리 처음부터 더 먹고 싶은 형에게 줬더라면 고맙다는 말도 듣고 나중에 나도 형에게서 더 많이 얻어먹을 수도 있을 텐데, 이건 완전히 망한 거예요. (웃음)

제가 왜 이 말씀을 드리냐면, 지금 당장 충분히 향유할 수 있음에도 이를 미루는 경우가 많기 때문이에요. 제가 고구마를 감춰두었던 것처럼 말이에요. 이처럼 '지연된 향유'는 자칫 우리를 불행하게 합니다.

집을 열 채쯤 가진 사람이 있다고 쳐요. 내 몸이 열 개가 아닌 이상에야, 그 집을 동시에 향유할 수 없어요. 나중에 팔아서 돈 벌 생각하면 기분 좋겠지만, 내가 그 집을 '지금 이 순간' 향유할 수는 없습니다. 내 몸과 공간이라는 한계가 있기 때문입니다. 지금 제가 들고 있는 책, 이건 저의 소유물입니다. 언제라도 펼쳐볼 수가 있지요. '지금 이 순간' 향유할 수 있어요. 반면에 열 권, 스무 권 가방에 담고 다닌다면 어때요, 향유의 대상이라기보다는 짐이 될 겁니다. 동시에 열 권은 못 보잖아요. 결론적으로 말씀드리면, 향유는 지금 여기에서만 이루어지기 때문에 한계가 있다는 겁니다.

우리 몸은 하나예요. 몸이 여러 개인 사람은 없죠. 그리고 누구나 죽습니다. 이런 한계를 인식하고 소유를 바라볼 필요가 있습니다. 향유하지도 못하면서 소유만 하려고 하면 어떻게 됩니까? 여러 가지 문제가 생깁니다. 오늘날 우리의 불행이 여기서 시작돼요.

누군가 배추 농사를 짓습니다. 풍년이 들어서 배추가 엄청나게 많아요. 시장에 내다 팔고도 상당한 양이 남습니다. 이걸 나중에 향유하려고 밭에 쌓아두면 어떻게 됩니까? 썩죠. 쥐가 갉아먹고 해충에 상합니다. 그렇다고 집에 가져가도 둘 데가 없어요. 그래서 예전에는 남는 농작물은 나눠 먹었습니다. 상해서 버릴 바에야 그게 나으니까요.

역사적으로 사람들이 영원불멸한 것을 선호했던 이유가 바로 여기에 있습니다. 영원히 소유할 수 있으니까요. 여러분, 왜 옛날 왕들이 금, 은, 보석에 집착했는지 아세요? 바로 영원성 때문입니다. 죽어서도 가져가려고 무덤에 함께 묻도록 지시합니다.

어떤 철학자는 "영원불변하는 것이야말로 참이다"라고 말하기까지 했어요. 나머지는 다 가짜라는 거예요. 여러분이 잘 아는 플라톤의 사상이 그렇습니다. 그는 '이데아 사상'을 통해 본질은 따로 있으며, 우리가 보고 듣고 느끼는 것은 모두 그 본질의 그림자에 불과하다고 했습니다.

먼 옛날에는 대상을 주로 향유했지만 어느 때부터인가 대상을 향유하는 것 대신에 대상을 소유하는 것을 중요하게 여기게 됩니다. 역사적으로 이것은 '잉여생산물'과 연관이 있어요. 쓰고 남는 것이 생기면서 이를 차지하려는 다툼이 벌어지고 급기야 부족 간 전쟁이 발생합니다. 그 결과로 계급이 생기고 가진 자와 못 가진 자로 나누어지지요. 가진 사람은 더 많이, 더 오래 가지려고 합니다.

'금'은 소유욕의 극단에 있어요. 말씀드렸듯이 영원불멸의 소유를 상징합니다. 그리고 이 금은 오늘날 '돈'으로 바뀝니다. 돈은 영원해요. 썩지 않습니다. 설령 훼손된다고 해도 은행에서 얼마든지 새 걸로 바꿀 수가 있지요. 세습도 가능해요. 내가 죽으면 후손들이 사용합니다.

돈은 매우 신비롭고 비밀스러운 존재입니다. 돈이 있으면 잠재적인 소유가 가능합니다. 즉, 특정 물건이 지금 내게 없어도 언제든 내 소유로 만들 수 있어요. 예컨대 이 책은 과거에 제 소유가 아니었습니다. 그러다 필요해서 돈을 주고 샀어요. 이제 이 책은 제 소유입니다. 서점에 있는 다른 책도 마찬가지예요. 돈이 있고 원하기만 하면 언제든 제 소유로 할 수 있지요. 바로 돈의 교환가치 때문입니다. '교환가치'란 다른 상품과 바꿀 수 있는 상대적 가치를 말합니다. 실물은 그 상품의 쓰임새인 '사용가치'가 중요하지만 돈은 그렇지 않아요. '사용가치' 자체가 없습니다. 돈으로 다른 물건과 바꾸는 것 외에 뭘 할 수 있죠? 돈이 많으면 그만큼의 소유 효과가 있을 뿐입니다.

내가 언제든 상품을 소유할 수 있도록 해주는 돈, 참으로 편리합니다. 창고에 상품을 쌓아 두지 않아도 됩니다. 영원히, 언제든 원할 때 상품을 손에 쥘 수 있게 해주지요. 그러나 그만큼 폐해도 큽니다. 소유를 위해 계속해서 현재를 희생해요. 사람들이 '지금 이 순간'을 누리지 못합니다. 그래서 삶이 행복하지 않습니다.

여러분이 세뱃돈을 탔다고 합시다. 어떤 친구들은 받는 족족 써버려요. 어떤 친구는 꼬깃꼬깃하게 접어서 저금통에 집어넣습니다. 나중에 더 큰돈을 모으려는 거겠죠. 그 돈으로 비싸서 사지 못한 게임기를 사려고 합니다. 여기까지는 괜찮아요. 어차피 나중에 향유할 거니까요. 그런데 모으다 보니까, 이게 재미가 있어요. 1000원이 1만 원 되고, 1만 원이 10만 원이 됩니다. 동그라미가 하나씩 더 붙는 게 엄청나게 기분 좋은 거예요. 나중에는 게임기 생각을 잊어버리고 돈 모으는 재미에 푹 빠집니다. 그때부터는 목적이 '게임기'에서 '돈'으로 바뀝니다.

여러분, 돈이 많으면 여유로울 것 같지요? 현실은 그렇지 않습니다. 외려 부자들이 돈 쓰는 걸 더 아까워해요. 이웃과 나누는 데도 인색합니다. 돈을 벌어본 사람은 더 벌고 싶어 해요. 더 많은 돈을 모으려고 부동산을 사거나 주식에 투자합니다. 충분히 향유할 수 있는데도 그러지 않아요. 소유를 늘리기 위해 현재의 행복을 계속해서 미루는 삶, 이것이 오늘날 우리의 모습입니다.

소유가 늘수록 빈곤해진다

오늘 우리가 사는 사회의 경제 체제를 '자본주의'라고 합니다. 시장에서 상품을 내다 팔고 돈을 매개로 교환하는 '시장경제'를 근본으로 하지요. 발달된 자본주의의 생산력은 우리의 삶을 풍요롭게 했습니다. 마트에 가면 수많은 상품들이 유혹의 손길을 뻗칩니다. 신용카드 한 장이면 그 모든 것이 내 것이 되지요. 마술 같지 않나요?

오늘날의 상품은 초기 자본주의 때와 비교했을 때 엄청나게 많아졌습니다. 그만큼 선택의 폭이 넓어졌지요. 예전에는 사 먹을 수 있는 아이스크림이나 과자의 종류가 얼마 되지 않았지만 지금은 아이스크림만 해도 수십 종에 이릅니다. 이걸 먹을까, 저걸 먹을까, 이것도 맛있어 보이고 저것도 맛있어 보이고…. 고민의 연속입니다. 하루가 멀다고 신제품이 쏟아져 나오니까요.

자본주의 사회에서 상품은 욕망을 자극합니다. 당장 갖고 싶다는 생각이 들게끔 해야 많이 팔리니까요. 비싼 출연료를 주고 유명 배우를 광고에 동원합니다. 홈쇼핑 광고를 보고 충동적으로 구매한 상품이 집 안에 쌓이는 이유입니다. 상품이 다양해질수록 우리의 욕망도 커집니다. 이 욕망을 충족시키려면 어떻게 해야 합니까? 오로지 한 가지, '돈'만 있으면 돼요. 그래서 열심히 돈을 버는 겁니다. 그래야 욕망을 충족시킬 수 있어요. 내가 지불한 돈으로 기업은 또다시 상품을 만들지요. 직원들에게 월급도 줍니다. 그러면 받은 월급으로 또 상품을 사고…, 이러한 상품-돈의 순환이 자본주의를 이끄는 동력입니다.

이걸 일찌감치 파악한 경제학자가 있습니다. 바로 카를 마르크스지요. 지금으로부터 약 200년 전쯤 태어난 사람입니다. 마르크스는 자본주의 사회에서는 돈이 만능이며, 사람들이 돈을 모으는 데 빠져든다고 지적했습니다. 향유할 생각은 안 하고 돈에만 집착하는 현상을 말하는 거예요. 자본주의 초창기였던 그때 이미 오늘날과 같은 양상을 보였던 겁니다. 마르크스는 돈에 대한 집착을 '소유 감각'이라고 하면서 이것이 인간의 삶을 불행하게 한다고 보았습니다. 인간이 돈의 주체가 되는 게 아니라 오히려 돈의 노예가 되어버린다는 거예요. 그러면서 "소유가 늘어날수록 존재는 빈곤해진다"는 말을 합니다. 어때요, 오늘날 우리 현실에도 딱 맞아떨어지는 지적 아닌가요?

돈에서 벗어나려면 돈 자체를 목적으로 하지 않아야 합니다. 그러나 어렵습니다. 아까도 말씀드렸듯이 오늘날 돈은 만능입니다. 그 '절대반지'의 유혹을 뿌리치기란 쉽지 않아요. 그래서 우리가 '향유'에 주목해야 합니다. 지금 이 순간이 우리에게 얼마나 소중한지를 인식하고 미래를 위해 현재를 희생하는 어리석은 일을 그만두어야 해요. 돈은 미래의 행복을 보장하지 않습니다. 단지 그럴 수 있다고 착각하게 만들 뿐이지요.

미래를 '보장'할 수 있는 것은 없습니다. 혹시 여러분 중에 '미래'를 알 수 있는 분 있나요? 미래에는 내가 어떻게 될 것이다, 미래에는 이렇게 변할 것이다, 예측할 수는 있지만 정확하게 알 수는 없습니다. 시간이라는 게 원래 그래요. 우리가 확실하게 알 수 있는 것은 과거와 현재뿐이에요. 우리가 알 수 없는 미래를, 더군다나 '보장'까지 할 수 있는 건 아무것도 없어요. 그럼에도 많은 사람들이 '돈'만큼은 미래를 확실하게 보장해준다고 믿어요. 현재가 '불안'할수록 사람들이 더욱 돈에 매달리는 이유입니다.

불안은 공포와 비슷하지만 달라요. 그 속성상 미래를 향합니다. 공포는 느끼는 사람은 그 이유를 알아요. '지금 무엇 때문에 무섭다'는 걸 자각할 수 있습니다. 영화 속에서 귀신이 나타나면 무섭죠. 우리는 왜 공포를 느끼는지 알고 있습니다. 그 대상이 명확하니까요. 그러나 불안은 어때요? 도대체 뭔지 몰라요. 그냥 불안합니다. 아직 일어나지 않았기 때문입니다. 불확정성이 우리에게 불안을 주는 거예요.

나중에 어떻게 될지 모르는 상황에서 돈은 불안감을 덜어줍니다. 아플 수도 있고 직장에서 해고될 수도 있지만, 돈이 있으면 해결할 수 있다고 믿으니까요. 그래서 지금 이 순간 우리는 돈을 벌기 위해 필사적입니다. 돈이 없으면 불안하죠. 그래서 계속해서 돈을 모아요.

현실이 그러니 어쩔 수 없다고 말합니다. 하지만 정말 방법이 없는 걸까요? 우리가 눈을 조금만 바깥으로 돌리면 다른 삶이 가능하다는 걸 알게 됩니다.

북유럽의 사회민주주의 국가들을 예로 들겠습니다. 잘 아시다시피 이쪽 나라들은 복지가 매우 잘 되어 있습니다. 복지라는 게 인간으로서 누려야 할 최소한의 생활을 국가가 보장해주는 거예요. 어떻게요? 네, 바로 세금으로 재원을 마련합니다. 많이 버는 사람은 세금을 많이 내고 적게 버는 사람은 적게 내지요.

대표적으로 교육비 지원과 연금제도를 볼까요. 우리가 잘 알다시피 대학까지 무상 교육인 나라가 있습니다. 스웨덴, 핀란드, 노르웨이 등이 그렇지요. 유학 간 친구 이야기를 들어보면 참 부럽습니다. 외국인임에도 등록금을 안 내는 건 물론, 집세까지 보조를 받는다고 해요. 의료비도 지원되고요. 물론 세금은 많이 냅니다만 천국이 따로 없다는 얘기를 해요.

우리나라는 어떻습니까? 빚을 내서 대학에 다니지요. 학교 다니면서도 아르바이트를 하느라 정신이 없고요. 대학을 졸업할 때 이미 갚아야 할 돈이 수천만 원에 이릅니다. 행여 무상 교육, 반값 등록금 이야기를 꺼낼라치면 당장 '종북 세력'으로 매도당하기도 합니다.

우리나라에서 대학은 취업의 수단입니다. 고시에 합격하거나 대기업에 입사하는 걸 최고로 치지요. 그렇기에 한동안 '일류 대학'은 미래를 보장한다고 여겼지요. 지금은 '일류 대학'을 나와도 취업이 힘들다고 하지만 여전히 사람들이 선호하고 있는 데는 상대적으로 경쟁력이 있다고 믿기 때문이겠지요. 여기에서 북유럽과의 차이가 발생한다고 저는 생각해요. 그쪽 나라들은 교육을 미래를 보장받으려는 수단으로 여기지 않습니다. 물론 그들도 대학과 직업이 연결됩니다만, 우리처럼 '대학=취업' 차원으로 인식하지 않아요. 그들에게 대학은 교육이고 교육은 국민의 권리입니다.

우리는 어떤가요? 졸업장을 '소유'하면 더 나은 미래가 펼쳐진다고 여기지요. 그러니 비싼 등록금 내고 대학에 가는 게 아무렇지 않은 겁니다. 과거에는 그나마 이런 현상이 덜했습니다. 그런데 IMF 이후에 먹고사는 일이 힘들어지고 언제든 나락으로 떨어질 수 있다는 '불안'이 이런 현상을 가속화했죠. 사람들이 불안하기 때문에 어떤 희생을 치르더라도 일류 대학에 들어가려고 해요.

이번에는 연금제도를 살펴볼까요? 전 세계의 많은 나라들이 연금을 노후복지의 수단으로 사용합니다. 우리나라도 노령연금, 국민연금 등이 있습니다만, 노후를 설계하기에는 턱없이 부족하죠. 그래서 많은 사람들이 편안한 노후를 위해 젊음을 희생합니다. 아까도 말씀드렸듯이 북유럽 국가들은 세금을 엄청나게 걷습니다. 월급 받으면 반 정도를 떼어가요. 대신 국가가 노후를 책임집니다. 정년퇴직하면 여생을 연금으로 생활해요. 알뜰하게 생활하면서 해외여행도 다닙니다. 젊은 시절 열심히 일했으니 당연하다고 생각하지요. 일종의 사회적 합의가 있습니다.

우리는 어떻습니까? 각자 알아서 준비하죠. 운이 좋아 돈을 많이 모은 사람은 노년에 땅도 사고 집도 지어서 편안하게 삽니다. 원래부터 돈이 많았던 사람이라면 따로 노후 걱정을 안 해도 돼요. 그러나 그런 사람들은 매우 적습니다. 대부분은 불안한 노후를 위해 오늘도 열심히 돈을 모읍니다.

높은 세금으로 교육비를 대주고 노후 생활을 보장하는 사회민주주의 국가와 우리나라의 차이는 무엇일까요? 여러 가지가 있습니다만 저는 '예측 가능성'과 '안정성'을 꼽고 싶습니다. 내가 부자가 아니어도 대학 교육을 받을 수 있고 노후에 편안한 여생을 즐길 수 있다면, 지금의 나는 불안하지 않습니다. 최소한의 미래가 보장되어 있기에 지금의 소유에 집착할 필요도 없고요. 그러나 우리처럼 미래가 불안한 상황에서는 돈에 집착할 수밖에 없어요. 국가가 보장하지 않으니 내가 알아서 '돈'이라는 강력한 수단을 마련하는 수밖에요.

요즘 우리도 '복지'나 '경제 민주화'가 화두입니다. 선거 때마다 나오는 구호이지요. 그러나 시간이 지나면 또 언제 그랬냐는 듯이 잊혀집니다. 우리가 현재의 삶을 향유하려면 복지가 필요합니다. 돈을 갖고 있어야 안심이 되는 '소유 감각'으로부터 자유로워지려면 국가가 최소한의 삶을 보장해야 해요. 불가능하지 않습니다. 우리나라는 이미 세계적인 무역 대국이에요. 예전처럼 못사는 나라가 아니라는 겁니다. 각자 알아서 불안에서 벗어났던 과거의 방식을 버리고 좀 더 행복한 삶을 위해 사회적인 노력을 기울여야 해요.

복지를 통해 불안정성이 어느 정도 해소되면 지금과는 많이 달라질 겁니다. 우리 사회가 좀 더 향유 중심으로 갈 수 있어요. 지금 여기의 삶을 즐길 수가 있는 거예요. 삶을 향유하는 사람은 눈빛이 다릅니다.

제가 출퇴근하면서 지하철을 타면요, 사람들이 다들 피곤하고 지친 표정을 짓고 있는 것 같아요. 여유가 없고 불안합니다. 뭔가 화가 나 있는 것 같기도 하고요. 힘들겠지요. 저를 비롯한 여러분도 마찬가지예요. 얼마나 치열한 하루하루를 보내고 있습니까. 열심히 공부하고 일하는 건 좋지만, 그게 불안한 미래 때문이라면 행복하지 않잖아요.

여러분 같은 학생들은 좋은 대학에 가지 못할까 봐 불안합니다. 대학생이 되면 취업 때문에 불안하죠. 직장인은 언제 해고될지 몰라서 불안합니다. 결혼을 하면 주택비, 양육비 때문에 불안하지요. 중년이 되면 퇴직과 노후 때문에 불안합니다. 지금 현재의 삶을 향유하고 싶어도 그럴 수 없어요. 이 악순환은 개인이 해결할 수 없습니다. 기본적인 생존을 사회적으로 보장할 수 있어야 해요. 그래야 우리가 행복할 수 있습니다.

디오니소스적인 지혜,
삶에 대한 적극적인 긍정

행복과 관련해서 그다음으로 말씀드릴 것이 바로 '인문 예술적인 삶'입니다. 방금 복지에 대해 말씀드렸습니다만, 경제적 조건만으로 행복이 보장되지는 않기 때문이에요. 사회적 존재로서의 인간은 그 안에서 자기를 실현할 때 진정한 행복을 느낄 수 있어요. 지금부터 그 이야기를 해보겠습니다.

여러분, 그리스 신화에 나오는 디오니소스에 대해 아시나요? 디오니소스는 흔히들 '술의 신'이자 '광란의 신'이라 알고 있지요. 맞습니다만, 다른 한편으로 농사의 신, 황소의 신, 산양의 신으로 묘사되기도 합니다. 무엇보다 중요한 것은 디오니소스는 '봄의 신'이라는 사실입니다. 겨울에는 모든 동식물, 그러니까 생명이라는 생명은 모두 다 죽은 것처럼 지내지요. 곰이나 뱀, 개구리 같은 동물은 겨울잠에 빠져듭니다. 식물들은 생장을 멈추고 시커멓게 말라비틀어져 죽은 듯 보입니다. 그러다가 봄이 되면 어떤가요? 어느 날 갑자기 약속이라도 한 듯이 싹이 나지요. 꽃이 피고 신록이 넘쳐납니다. 짐승들도 숲과 들판으로 뛰쳐나옵니다. 온 세상에 생명이 충만해지지요. 이처럼 죽음의 위세를 극복하고 생명으로 부활하는 계절이 봄이고, 그 '봄의 신'이 바로 디오니소스입니다. 디오니소스는 고대 그리스인들의 삶에 대한 긍정적인 태도를 반영하고 있습니다.

이번엔 삶에 대한 비관적인 시각을 살펴볼까요?

여러분이 잘 아시는 철학자 니체는 26세 때 『비극의 탄생』을 썼습니다. 이 책에서 니체는 이른바 '실레노스적 지혜'를 제시합니다. 실레노스는 디오니소스의 스승으로 알려져 있습니다. 여러분, 손만 대면 황금으로 변하는 미다스 왕을 알 것입니다. 그가 권력과 부를 다 거머쥐고서도 도대체 허망한 인생을 견딜 수가 없는 거예요. 방황하던 중 실레노스를 만납니다. 그리곤 묻지요. "인생에 있어서 최선이 무엇입니까?" 그러자 실레노스가 답했습니다. "인생에 있어서 최선은 태어나지 않는 것이다."

허무한 대답이지요. 차라리 태어나지 말라는 이야기잖아요. 그러나 불행한 일을 겪고 사는 일이 고통스러운 사람에게는 바른 답일지도 모릅니다. 미다스가 다시 묻습니다. "그렇다면, 인생에 있어서 차선은 무엇입니까?" 실레노스가 이번에는 뭐라고 답했을까요? "인생에 있어서 차선은 빨리 죽는 것이다."

니체는 이 일화를 인용하면서 일명 '실레노스적 지혜'를 말합니다. 사실 이는 고대 그리스인들에게 널리 퍼져 있던 지혜 중 하나였지요. 아버지를 죽이고 어머니와 결혼한 오이디푸스 대왕의 비극을 쓴 소포클레스도 오이디푸스의 운명을 기술하면서 이 말을 했었습니다.

우리에게 '실레노스적 지혜'가 주는 의미는 뭘까요? 인간이 죽을 수밖에 없는, 유한한 존재라는 사실 그 자체이지요. 평소 모르고 지내다가도 어느 날 죽음이 가까이 다가오면, 죽음의 냄새가 시간과 공간 전체에 퍼지면, 삶 자체가 아무것도 아닌 것 같은 허망함을 느낍니다. 그때 우리가 마주하게 되는 지혜가 바로 '실레노스적 지혜'입니다. 너무나 사실적이어서 잔인하기까지 하지요. 그런데 '실레노스적 지혜'가 설명하지 못하는 것이 있어요. '죽기 위해 사는 자는 아무도 없다'는 사실입니다. 지금 이 순간 우리가 살아가고 있다는 또 다른 명백한 사실에 대해 '실레노스적 지혜'는 아무 설명도 해주지 못해요.

"죽기 위해 사는 것이 아니다"라는 말에서 한 걸음 더 나아가봅시다. 이 말은 "삶은 그 자체로 의미가 있다"는 뜻이기도 합니다. 삶을 적극적으로 긍정하는 거예요. 즉, 죽을 수밖에 없다는 조건에서 오히려 살아 있음을 더욱 강력하게 긍정하는 결과가 나옵니다.

삶을 긍정한다는 것은 어떤 뜻인가요? 매 순간 다가오는 삶을 한껏 기대하게 된다는 것이지요. 마치 서로 사랑하는 연인이 첫 키스를 하고 헤어진 뒤, 내일 또 만날 것을 기대하듯이 말이죠. 삶을 긍정하면 과거에 대해서도 부정적으로 생각하지 않습니다. 지나간 삶을 기반으로 해서 이렇듯 가슴 설레는 다음 순간의 삶이 주어질 수 있다는 것을 잘 알 테니까요. 니체도 그 사실을 잘 알고 있었어요. 그래서 이렇듯 자신의 삶을 한껏 긍정하고 사랑할 수 있는 지혜를 '디오니소스적 지혜'라고 말합니다. 이는 단순한 희망을 뛰어넘습니다. 여기에는 자신의 삶을 적극적으로 긍정하는 뚜렷하고 분명한, 심지어 내가 어찌할 수 없는 강렬한 감각이 작동합니다. 니체가 디오니소스를 '도취의 신'이라고 한 것도 그런 뜻에서였지요. 삶에 대한 적극적인 긍정은 말처럼 쉽지는 않습니다. 니체는 실레노스적인 지혜를 제대로 거친 자라야만 디오니소스적인 지혜, 즉 삶을 적극적으로 긍정할 길이 열린다고 말합니다. 무슨 뜻일까요?

실레노스적인 지혜는 일상적인 삶에 묶여 있는 무작정한 태도를 일거에 날려버립니다. 일상에 매몰된 삶은 사회적으로 요구되는 가치에 자신을 맡기기 쉽습니다. 사회적으로 요구되는 가치라고 해서 무조건 나쁘다고 할 수는 없습니다. 다만 자본주의 사회가 요구하는 무조건적인 경쟁이나 사회적인 법과 도덕, 관습에 녹아 있는 보수적인 가치관을 비판 없이 그대로 받아들이면 삶이 피폐해지기 쉽습니다. 인간이 유한하다는 사실을 정확하게 깨닫게 되면 삶을 대하는 태도가 바뀝니다. 사회적으로 강요되는 삶의 방식에 의문을 품게 되지요. 무엇이 한 번뿐인 삶을 가치 있게 하는지 고민하게 됩니다.

철학들은 대부분 죽음을 다룹니다. 대체로 죽음에서부터 시작해서 삶을 반성적으로 구축하는 방향으로 나아갑니다. 예컨대 서양에서 탈근대 철학의 기초를 마련한 하이데거라는 철학자는 우리 인간을 '죽음으로 향한 존재'로 규정하고, 따라서 오히려 근원적으로 자유롭다고 말합니다. 기존의 가치에 의하지 않고, 나 스스로 삶을 만들어가야 하기 때문이라는 거예요. 이러한 생각은 니체의 영향을 받은 것입니다.

말하자면, '실레노스적 지혜'는 인간의 운명을 직시하고 그 바탕 위에서 삶을 제대로 구축하지 않으면 안 된다는 준엄한 경고인 셈입니다. 달리 말하면, 죽음을 누구도 대신할 수 없듯이, 나의 삶 역시 온전히 나만의 것이라는 논리이지요. 이제 나의 삶은 특별한 의미에서 '절대적인 삶'으로 드러나게 됩니다. 그러니 나의 삶을 장악하고 있는 사회적 가치들을 성찰하지 않을 수 없는 것이지요.

사회적으로 요구되는 나의 행동들은 수도 없이 많습니다. 학교를 다녀야 하고, 학원을 다녀야 하고, 좋은 기업에 취직해야 하고, 가능하면 경제적으로 안정된 삶을 위해 심지어 사랑도 버려야 합니다. 사람들이 깔보지 않게끔 사회적 지위를 갖고자 노력해야 하고요. 사람들은 이런 것들을 '상식'이라고 말합니다. 이제 이 모든 요구들을 성찰의 도마 위에 올려놓고서, 과연 나의 삶을 바칠 만한 가치가 있는지 비판적으로 검토하게 되는 것이지요. 이 과정이 없이는 진정한 삶을 향한 발걸음을 내디딜 수 없다는 것이 '실레노스적 지혜'를 중시하는 니체의 생각입니다.

죽음은 등 뒤에서 항상 속삭입니다. "네가 아무리 뜨거운 삶을 추구한다 할지라도 결국은 아무것도 아니야." 그렇게 해서 죽음은 우리를 우울하게 하고, 무력하게 만들고, 수동적이게끔 합니다. 그래서 죽음은 우리로 하여금 인간을 넘어선 절대적인 가상의 힘, 예컨대 신과 같은 존재를 찾게 합니다. 죽음이 없이는 신이 존재할 수 없습니다. 신은 인간의 죽음을 먹고 사는 존재입니다.

프랑스의 철학자 장 폴 사르트르는 "죽음을 아는 자는 아무도 없고, 조금 더 깊이 생각해 보면 '나의 죽음'이라는 것은 한순간의 종말일 뿐, 실제로 '나의 죽음'은 없다"고 말했습니다. 죽음에 연연하면 제대로 살 수 없다는 취지의 말이었지요.

죽음을 인간의 숙명으로 받아들이면 비로소 삶을 긍정할 수 있습니다. '단 한 번 주어진 나의 삶'을 어떻게 살아야 할지 고민하게 하지요. 이때 등장하는 것이 바로 '디오니소스적 지혜'입니다. 내 삶을 적극적으로 긍정하면서 후회 없이 살아갈 길을 모색하는 것이지요. 그래서 우리가 행복한 삶을 살려면 '실레노스적 지혜'와 '디오니소스적 지혜', 두 가지 모두를 잘 이해하고 있어야 합니다.

인문 예술적인 삶의 이념

여러분은 언제 가장 행복합니까? 언제 가장 짜릿하고 즐거운가요? 예컨대 복권에 당첨된 사람은 엄청나게 기쁘겠지요. 사랑하는 연인과 첫 데이트를 할 때, 혹은 원하던 대학에 들어가도 기분이 좋을 겁니다. 좋은 직장에 들어가거나 아끼고 아껴서 집을 장만했을 때도 그럴 겁니다. 그런데 이것도 시간이 지나면 행복감이 사라집니다. 당연한 것처럼 여겨지고 권태로워지지요. 부자들이 늘 행복하지 않은 이유입니다.

그런데 갈수록 그 쾌감이 높아지는 행복이 있습니다. 제가 여기서 말씀드리고자 하는 것이 바로 그것이에요. 철학과 문학, 예술의 세계야말로 너무나 무궁무진해서 평생을 향유해도 그 폭과 깊이를 따라잡을 수 없습니다. 저는 여기에서 이 세계를 뭉뚱그려 '인문 예술의 세계'라고 부르겠습니다. 이 '인문 예술의 세계'는 어느 누가 배타적으로 소유할 수 있는 것이 아닙니다. 혼자서 독점할 수 없다는 뜻입니다. 반대로 여럿이 함께 공유하면 만족감이 더 커지지요.

배타적으로 소유해야만 행복해지는 사회는 그야말로 아비규환일 겁니다. 서로 물리치거나 남이 가진 것을 빼앗으려고 안간힘을 쓰겠지요. 자본주의 사회에서 '돈'이 그렇습니다. 내가 가진 만큼 사회적 권리를 누립니다. 그래서 오로지 돈, 돈 하고서 경제적인 삶에만 주력하게 하지요.

인문 예술적인 삶은 서로의 가치를 인정합니다. 그 사람의 느낌이 내가 새로운 감각을 느끼는 데 도움이 된다는 것을 인정하지요. 소통을 통해 감각의 폭과 깊이가 더해집니다. 예컨대 내가 고전을 한 권 읽었다고 칩시다. 이 행위는 그 자체만으로 이미 그 책을 읽은 다른 많은 사람들과 소통하는 것입니다. 음악, 미술, 연극, 무용이 그렇습니다. 우리는 예술작품을 보고 서로 느낌을 말합니다. 서로 몰랐던 걸 알게 되고 친밀감을 느끼지요. 이러한 느낌들이 새로운 예술적 욕망을 불러일으킵니다. 그러면서 안목이 생기지요. 책을 많이 읽은 사람일수록 책 읽기의 참맛을 아는 이치입니다.

인문 예술적인 삶은 돈의 소유에 찌든 우리의 삶을 근본에서부터 치유할 수 있는 강력한 힘입니다. 돈을 많이 벌려고 하는 이유는 '돈' 자체에 있지 않습니다. 돈이 가져다주는 여러 효과 때문이지요. 돈은 물질적인 풍요를 주지만, 권력도 가져다줍니다. 돈이 있으면 사람을 움직일 수 있어요. 내가 누군가에게 돈을 주면 그 사람은 그만큼 내 뜻대로 행동합니다. 내게 잘 보이려고 애쓰지요. 그래서 돈을 가진 사람은 자신이 대단한 권력을 가진 것처럼 생각합니다. 그런 인간관계가 과연 정상적일까요? 누가 누군가 위에 군림하는 관계는 결코 행복하지 않습니다. 돈과 권력을 갖고서도 불행하다고 생각하는 사람이 많은 이유예요.

인문 예술적인 삶을 사회 전체적으로 확산시키는 일은 자본주의 사회에서 특히 중요합니다. 단 한 번 주어진 인생을 사는 동안, 인류가 형성해온 그 무진장한 감각의 세계를 조금이라도 더 만끽하자는 것이에요. 그래야 우리가 좀 더 행복할 수 있어요. 그러려면 부와 권력에 대한 무조건적인 가치 부여를 해체해야 합니다. 부와 권력에 굴종하게 되면, 그만큼 나의 존재는 빈곤해집니다. 부와 권력은 항상 상대적입니다. 어딘가에는 나보다 돈을 많이 가진 사람이 있을 수밖에 없어요. 경쟁적인 피라미드 구조를 띠는 것이 부와 권력입니다. 거기에 아름다움이 끼어들 공간은 없습니다. 굴종과 아름다움은 서로 어울릴 수가 없기 때문입니다. 제아무리 아름다운 사람이라도 누군가에게 굴종하는 순간, 그 아름다움은 비루한 것이 되고 맙니다.

자, 그렇다면 인문 예술적인 삶은 어떻게 가능할까요?

인문 예술은 '표현'입니다. 예술가들은 감미로운 음악, 아름다운 그림, 재미있는 문학 작품을 통해 자신들의 생각을 표현하지요. 우리는 작품들을 '향유'하면서 쾌감을 느낍니다. 이러한 예술적 쾌감은 맛있는 아이스크림을 먹을 때보다 훨씬 커요. 단, 조건이 있습니다. 예술 작품의 향유에는 '연습'이 필요합니다. "아는 만큼 보인다"고 하죠? 같은 그림을 두고도 어떤 사람은 이게 뭐야, 하면서 지나치고 또 어떤 사람은 그 안에서 벅차오르는 감정을 느낍니다. '안목'이 다르기 때문이에요. 음악, 문학 작품도 마찬가지입니다. 처음에는 어렵거나 재미없다가도 시간이 지날수록 작품이 주는 매력에 흠뻑 빠지지요. 이러한 향유가 주는 쾌감은 음식이나 옷, 휴식처럼 일차원적인 욕구 해결에서 오는 쾌감을 뛰어넘습니다. 인간 자체가 고차원적인 정신적 쾌락을 추구하는 존재이기 때문이에요. 우리는 환상적인 동굴 벽화라든가 토기에 그려진 섬세한 문양 등 선사 시대의 유물을 잘 알고 있습니다. 그들은 왜 그림을 그리고 조각을 했을까요? 신앙과도 관련이 있겠지만, 저는 인간의 예술적 본능 때문이라고 생각해요. 누구에게나 그런 욕구가 존재합니다. 이걸 잘 계발하면 여러분도 충분히 표현하고 향유할 수 있어요.

지금 당장은 컴퓨터 게임이나 스마트폰 게임이 좋을 수 있어요. 가뜩이나 공부 때문에 스트레스를 받잖아요. 아무 생각 없이 편하게 즐길 수 있습니다. 그러나 나중에 후회가 되죠. 실제로 나이가 들어서 내가 왜 그런 식으로 시간을 흘려보냈을까? 하고 말하는 사람들이 많습니다. 만약 그 시간에 시를 읽고 고전음악을 들었다면 어떨까요? 혹시 여러분 중에 어렸을 때 책 많이 읽고 음악 많이 들었다고 후회하는 이야기 들어본 사람 있나요?

예술은 즐거움과 함께 깊이를 줍니다. 말초적인 쾌락은 지나면 사라지지만, 예술적 향유가 주는 깊이는 내 안에서 계속 쌓여요. 그 기쁨을 여러분도 깨달았으면 좋겠다는 겁니다.

예컨대 시를 읽는다고 칩시다. 처음엔 몰랐는데 계속 읽다 보니 읽을 때마다 어떤 새로운 감정이 일어요. 그 이유는 잘 모르겠지만, 그 감정이 나쁘지 않습니다. 오히려 카타르시스가 느껴지면서 자꾸만 읽고 싶어져요. 그러다 어느 순간 '나도 한번 써볼까?' 하는 마음이 듭니다. 책상 앞에 앉아 노트를 펼치고 그 안에 마음을 담아 몇 글자 적습니다. 처음엔 부끄럽기도 하다가 나중에 다시 읽어보면 뿌듯하죠. '내가 정말 이런 글을 쓰다니!' 대견합니다. 이렇게 자신을 조금씩 표현하다 보면 시를 통해 세상과 소통하는 법을 알게 됩니다. 그러면서 삶이 점점 풍요로워지는 걸 느끼게 되지요.

함께 향유하는 행복한 삶

마지막으로 '표현'의 중요성에 대해 말씀드리면서 강의를 마무리 짓겠습니다. '표현'은 우리를 행복하게 합니다. 나를 세상에 드러내는 것, 세상과 소통하는 즐거움은 무엇과도 비교할 수 없지요. 영어로 표현하면 'express'라고 하지요? 'press'가 뭡니까? (청소년: "신문, 잡지, 누르다.") 그렇습니다. 동사로는 누른다는 뜻이죠. 앞에 붙은 'ex'는 '바깥'을 뜻하는 접두사죠? 그래서 이걸 다시 새겨보면 '바깥으로 누르다'라는 뜻이 됩니다. 이게 무슨 뜻입니까? '밖으로 밀어내다' 혹은 '눌러서 바깥으로 보내다' 정도로 해석할 수 있겠습니다. 즉, 안에 있는 것을 밖으로 드러낸다는 거예요. 여러분 안에는 무엇이 있습니까? 생각, 감정, 정신, 이성, 감각, 이런 것들이겠지요? 모두 우리 내면에 있는 것들입니다. 이걸 드러내는 게 바로 '표현'이에요. 여러분의 느낌, 여러분의 생각, 여러분의 판단과 주장, 이런 것들이 바로 '표현'의 대상입니다. 지금껏 예술을 예로 들었습니다만, 판단과 주장을 드러내는 것도 표현입니다. '인문학'이 그렇지요. 사람들에게 자신의 판단과 주장을 전달합니다.

표현은 소통입니다. 내가 내 안의 것을 드러내면 다른 사람이 여기에 공감합니다. 그러면서 그 사람 안에 어떤 느낌이나 생각이 생기겠지요. 그러면 이걸 또 표현합니다. 이런 식으로 표현이 또 다른 표현을 낳고 하면서 우리 사회의 소통이 활발해지겠지요. 서로의 느낌과 생각을 향유하면서 사회가 점점 성숙해집니다.

나의 표현에 대한 상대의 반응을 영어로 '피드백'이라고 합니다. 우리말로 하면 '되먹임' 정도가 되겠네요. 이 되먹임에는 긍정적인 게 있고 부정적인 게 있습니다. 주고받을수록 서로 빈곤해지고 약해지는 것이 부정적 되먹임이라면 긍정적 되먹임은 그 반대입니다. 인문학이나 예술은 긍정적 되먹임을 가져옵니다. 내가 반응하면 할수록 나도 깊어지고 상대도 깊어집니다.

예컨대 내가 어제 어떤 소설을 읽었어요. 너무 재미있고 감동적이어서 이걸 페이스북에 올렸습니다. 줄거리, 주인공이 겪은 사건, 특히 감동적이었던 부분들을 솔직한 감정과 함께 적어요. 그랬더니 댓글들이 달립니다. 나도 그랬다, 그 부분 특히 좋았다, 개인적으로 이런 경험이 있었는데 그때 생각이 나서 울었다…. 이런 것들이 우리 삶에 넘쳐나면 얼마나 좋겠어요.

우리가 읽는 책 한 권을 쓰는 데 작가는 얼마나 많은 노력과 시간을 들였을까요? 흔히들 '창작의 고통'이라고 말하지요. 그런 대가 없이 태어난 명작은 없습니다. 고통 없이는 제대로 된 감각의 세계를 알 수 없어요. 춤을 제대로 추려면 춤의 감각을 익혀야 하지요. 그러려면 많은 연습이 따릅니다. 수도 없이 동작을 취해봐야 해요. 너무 빨리 가도 안 되고 너무 천천히 가도 안 됩니다. 그렇게 고통의 순간이 지나면 새로운 감각이 생겨요. 몸이 저절로 움직입니다. 그리고 마침내 아름다운 춤을 추게 되지요. 그렇게 우리의 가능성은 결실을 맺게 되는 거예요.

지금까지 우리가 행복한 삶을 위해서 어떤 노력을 해야 하는지, 인문 예술적인 삶이 왜 중요한지에 대해 이야기해보았습니다. 부디 여러 분께서도 쉽지 않은 길, 그러나 더 큰 즐거움과 깊이가 기다리는 삶을 향해 걸어가시기 바랍니다. 감사합니다.

청소년 문화 예술 분야에 관심이 많은 친구가 있습니다. 그런데 그 친구가, 형편이 어려워서 예술을 즐기지 못하는 사람들 때문에 고민이라고 해요. 내가 하고 싶은 일을 하는 건 좋지만, 현실적으로 예술이 그런 분들에게 무슨 의미가 있겠느냐는 겁니다. 향유에도 기본적인 소유가 필요한 건 아닐까요?

조광제 그렇죠. 세상엔 어렵게 사는 분들이 많습니다. 이분들에겐 기본적인 생존이 가장 큰 문제겠지요. 사회가 양극화되면서 극빈층이 늘고 있습니다. 길거리를 전전하는 노숙자, 방치되는 아이들, 언론에 보도되는 사례만 해도 수두룩합니다. 먹고사는 일에 치여서 문화 예술의 향유는 언감생심인 분들이 많아요. 그래서 복지가 중요합니다. 최소한의 생존 조건을 국가가 보장해야 해요. 기본적인 삶이 보장되어야 깊이 있는 활동도 가능합니다.

시장에만 맡겨서는 문화 예술을 향유할 수 없어요. 그래서 저는 문화 예술만이라도 경쟁 없이 누구든 향유할 수 있게 해야 한다고 생각합니다. 지금은 일정한 소득 이상이어야 문화 예술을 누릴 수 있습니다. 고전 음악의 경우는 더욱 그렇지요. 우리나라에서 클래식은 부의 전유물처럼 되어 있습니다. 이건 클래식 입장에서도 안타까운 일이 아닐 수 없어요.

제 경험을 말씀드리지요. 어느 날 런던 필하모닉 오케스트라가 내한한다고 해서 표를 구하러 갔습니다. 그런데 표 두 장 값이 무려 20만 원이에요. 그것도 가장 싼 좌석이 그래요. 깜짝 놀랐지요. 그래도 워낙에 클래식을 좋아해서 비싼 요금을 무릅쓰고 갔습니다. 가서 한 번 더 놀랐습니다. 자리에 앉았는데 지휘자가 안 보여요. (웃음) 무대와 거리가 멀어서 소리도 굉장히 안 좋습니다. 그냥 집에서 CD나 들을 걸 싶을 정도였어요. 나중에 알고 보니까 웬만큼 감상하려면 50만 원은 줘야 한답니다. 그런데 그 돈을 낼 수 있는 사람이 얼마나 되겠어요. 표값 자체가 이미 향유할 사람을 제한하고 있는 거죠.

그래서 저는 이걸 평등하게 좌석 불문하고 약 3만 원 정도 해야 한다고 봐요. 그리고 음악회에 참여하려는 사람이 너무 많으면 인터넷을 통해 추첨을 해야 한다고 봐요. 그러면 좀 더 많은 사람이 클래식을 즐길 수 있지 않을까요? 절대 비용을 낮추는 방법도 있겠지요. 유명 연주자는 초정 비용이 클 겁니다. 이걸 보전하려면 표 값이 비쌀 테고요. 이걸 나라에서 지원하면 어떨까요? 다 함께 낸 세금을 이런 일에 쓴다면 우리 삶이 더욱 풍요로워지지 않을까요?

그러면 아까 말씀하신 분들도 무료로 클래식을 들을 수 있고, 그러면서 힘든 삶에 위안을 얻을 찾을 수도 있고요. 예술에는 삶을 위로하고 힘을 북돋우는 힘이 있잖아요.

이렇게 예술을 향유할 기회를 균등하게 주는 것도 중요하고요. 다른 하나는 '향유'를 제대로 하게끔 교육하는 것도 필요합니다. 아무리 기회가 많아도 '지루한 클래식'을 들을 사람이 몇이나 되겠어요. 클래식을 향유할 감각을 길러주어야 합니다. 교육이 그런 역할을 하지요.

입시 위주의 암기 교육 대신 감각 교육을 하는 겁니다. 음악, 미술, 체육, 이런 다양한 감각 수업을 통해 기본적인 향유 능력을 갖출 수가 있지요. 어린 시절의 감각 교육은 성인기까지 큰 영향을 미칩니다. 그래서 초등학교 1~3학년까지 감각 교육을 시키고 4~6학년까지는 언어 교육을 시키는 겁니다. 문학을 주요 교재로 삼을 수 있겠지요. 중학생이 되면 사춘기에 접어들 때이니 사회 교육이 필요할 겁니다. 그리고 고등학교 때가 되면 사회진출을 위한 직업 교육 즉, 기술 교육을 시킵니다. 대학은 꼭 갈 사람만 가게끔 하는 게 좋아요. 연구할 사람들만, 학문을 익힐 사람만 보내는 거죠. 전제는 고등학교만 졸업해도 충분히 먹고살 수 있어야 한다는 겁니다. 지금처럼 대학 졸업장, 스펙, 이런 것들로 직업을 얻는 게 아니라 전문적은 기술로 직업을 찾는 거죠. 물론 이것들이 그 기간 내에만 이루어지는 것은 아닙니다. 예컨대 감각 교육은 중학교 때 안 하느냐, 그런 건 아니라는 거죠. 지속적으로 이루어지되, 시기별로 주안점을 달리한다는 뜻입니다. 평등하게 교육받고 균등하게 향유할 기회를 갖는 것, 이게 제가 생각하는 겁니다. 불가능한 일이 아닙니다. 현실에서 일부 실현되고 있고요. 지금도 도서관에 가면 보고 싶은 음악과 영화를 볼 수 있어요. 지역별로 설치되어 있습니다. 이런 걸 전면적으로 실시하자는 거예요.

경쟁과 시장 원리에 충실한 자본주의가 살피지 못하는 것, 그러나 우리 삶에 없어서는 안 되는 것은 이처럼 발상을 달리해서 보완할 수 있다고 생각합니다.

청소년 더 나은 삶을 위해 향유하기를 멈추지 말라고 말씀하셨는데요, 선생님이 생각하시기에 더 나은 세상은 어떤 것인지요.

조광제 '철학, 문학, 예술', 달리 말하면 '전면적이고 심오한 감각'. 이걸 누구나 누릴 수 있는 세상이라고 생각해요. 오늘날은 그 일부만 누릴 수 있잖아요. 좋은 건 함께해야 합니다. 이걸 철학적으로는 '공향유'라고 하는데요. '너, 이거 안 해봤지?' 하면서 빼기듯이 배타적으로 향유하는 오늘날의 방식을 넘어서자는 겁니다.

예컨대 새로운 친구 만났는데 음악을 좋아한다고 해요. 나도 음악을 좋아합니다. 서로 음악 얘기를 나누죠. 내가 좋아하는 곡은 이렇고, 그 이유는 뭐고…. 서로 궁금해하면서 음악을 나눠 듣습니다. 그러다 보면 어때요? 처음 만난 친구인데도 굉장히 친밀감이 들죠. 10년은 넘게 사귄 사람 같습니다. 같이 즐기고 향유할 때만 가능한 겁니다. '공향유'란 바로 이런 것을 말합니다.

표현이 가져오는 긍정적 피드백에 대해 말씀드렸죠? 내가 느낀 점을 말해주면 상대도 자극을 받아서 찾아가고 그러면서 새로운 감각이 생겨나고, 이렇게 서로 소통하는 상호작용 말입니다. 미래에는 꼭 그런 삶이 실현되었으면 좋겠어요. 지금은 '헬조선'이다 뭐다 해서 강자가 모조리 차지하는 무한경쟁 사회이지만 언젠가는 꼭 그런 날이 오리라고 생각합니다. 사람이 참는 데도 한계가 있거든요. 언제까지 '소유 감각'에 의지해서 살 수 있겠어요. 지금의 방식은 돈 많은 부자들에게도 불편합니다. 자기들도 행복하지 않다는 걸 알아요. 공향유적인 감각이 넘쳐나는 세상, 그것이 바로 저의 꿈입니다.

4강

농사에서 배우는 자연의 섭리

– 안철환('온순환 협동조합' 이사장)

여러분, 내 몸이 내 것이라고 생각하시죠?
그건 맞습니다. 그러나 시야를 좀 더 넓혀보면
내 몸은 곧 내가 속한 자연의 일부예요.
인간이 만물의 영장이라고 으스댈 게 아니라
자연의 일부로 살면서 생명의 순환이라는
자연의 이치를 거스르지 말아야 합니다.

안철환

'전국귀농운동본부' 홍보출판위원장으로 일했으며 '전통농업연구소' 대표 및 '온순환 협동조합' 이사장, 안산 바람들이 농장 대표로 있다. 2009년 아름다운재단의 공익활동가상을 수상했다. 쓴 책으로 『도시 농부들 이야기』, 『내 손으로 가꾸는 유기농 텃밭』(공저), 『시골똥 서울똥』이 있고 옮긴 책으로 『생태도시 아바나의 탄생』이 있다.

농사에서 배우는 자연의 섭리

안녕하십니까, 안철환입니다. 오늘 여러분과 삶에 대해 이야기를 나누려고 하는데요, 삶과 관련해 주로 농사일과 먹는 얘기를 하려고 합니다. 저는 시골에서 귀농 관련 모임을 하면서 농사를 짓는데 제초제를 쓰지 않습니다. 거름은 만들어서 쓰고요. 비닐도 안 쓰고 기계도 사용하지 않습니다. 심지어 땅도 갈지 않아요. 그러면서 어떻게 농사를 지을 수 있을까 궁금하시죠?

봄꽃이 피면 씨를 뿌린다

보통 농사를 사람이 짓는다고 생각하는데 그렇지가 않습니다. 우리는 그냥 준비만 하는 거고 생명을 키우는 건 자연이에요. 땅을 기름지게 하는 지렁이가 있고 결실을 돕는 곤충들도 있습니다. 썩어서 거름이 되는 잡초들도 있겠지요. 그 작은 생명들이 채소를 키우고 열매를 맺게 하지요. 사람은 그저 성심껏 옆에서 보살피면 돼요. 농약을 뿌리고 기계 장비를 사용하는 건 좀 더 많이 얻기 위한 방법이지 그게 없다고 농사가 안되는 게 아니에요.

저는 지금 있는 농장에서 2000년부터 농사를 지었는데요. 그동안 200여 그루의 나무도 심었습니다. 당시에는 작대기만 한 어린나무들이었는데 지금은 숲이 되다시피 했어요. 수종도 다양합니다.

우선, 느티나무가 있고 떼죽나무도 있어요. 느티나무는 다들 잘 아시겠고, 떼죽나무는 콩알만 한 열매가 열리는데 이걸 짓이겨서 물에 풀어놓으면 물고기들이 떼로 죽는다고 해서 그런 이름이 붙었습니다. 꽃은 향기가 아주 좋은데 열매에 독성이 있어요. 물푸레나무도 심었습니다. 이건 재질이 유연하고 질겨서 도리깨 같은 농기구를 만들 때 써요. 항균성 물질인 피톤치드Phytoncide가 많이 나오는 걸로 유명한 잣나무도 다섯 그루 심었지요. 하얗게 꽃이 피는 조팝나무도 있습니다. 옛날 사람들은 조팝꽃이 필 때 볍씨를 파종한다고 했습니다. 비슷하게 생긴 걸로 이팝꽃도 있는데 이게 피면 때맞춰 모를 냈어요. 일종의 농사 달력 역할을 했지요. 쥐똥나무도 비슷하게 생긴 꽃을 피우는데 이건 까만 열매가 꼭 쥐똥을 닮았다고 해서 그런 이름이 붙었습니다. 봄철에 흔한 철쭉도 볼 수 있습니다. 비슷한 걸로 영산홍도 있는데 이건 철쭉보다 꽃술이 작아요.

풀꽃도 다양하게 피어 있습니다. 우선, 물가에 꽃창포가 있습니다. 초봄에 노란 꽃이 피는데 옛날 사람들이 머리를 감았다고 하는 것과는 다른 종이에요. 길가에는 애기똥풀도 지천으로 있습니다. 노란색 꽃을 피우지요. 줄기에서 노란 진액이 나오는데 마치 아기 똥 색과 비슷하다고 해서 붙은 이름이에요. 또 흔히 볼 수 있는 풀로 질경이가 있습니다. 요즘은 이걸 먹을 줄 아는 사람이 별로 없는데요, 아주 맛이 좋습니다. 망초도 마찬가지고요. 옛날에는 이런 풀들을 따다가 국 끓여서 먹고 데쳐서 무쳐 먹기도 했어요. 그럼 이제부터 어떻게 농사를 짓는지 그 방법을 하나씩 알려드리겠습니다.

농사에서 배우는 자연의 섭리

아까 저희는 농약도 안 쓰고 기계도 사용하지 않는다고 말씀드렸죠. 그럼 어떻게 농사를 짓느냐, 바로 우리 몸에서 나오는 똥오줌으로 짓습니다. 얼핏 이해가 안 가신다고요? 아마 시골에서 산 경험이 있으신 분들은 금세 아실 텐데요. 농약이 일반화되기 전까지 옛날 사람들은 다들 그렇게 농사를 지었어요. 말하자면 제 방식도 그런 전통에 따르고 있는 겁니다.

똥거름은 완전히 삭히고 나면 전혀 냄새가 나지 않습니다. 오줌도 마찬가지고요. 위생적으로도 깨끗해요. 발효 과정에서 유해균들이 다 죽은 겁니다. 이걸 땅에 뿌려주면 농작물들이 좋다고 먹습니다. (웃음) 아주 쑥쑥 자라요. 사람의 몸에서 빠져나간 물질이 땅으로 돌아가고 그 땅에서 자란 농작물이 우리의 입으로 들어옵니다. 이게 자연 순환이라는 거예요. 얼마나 깨끗하고 완벽한 자연의 섭리입니까.

거름은 땅을 비옥하게 합니다. 농사를 짓는 사람은 땅 색깔만 봐도 이게 농사를 지을 만한 땅인지 그렇지 않은 땅인지를 알 수 있습니다. 우리가 보통 보는 땅은 갈색이죠? 하도 밟고 다녀서 반들반들합니다.

이런 땅에선 생명이 살기 어려워요. 비옥한 땅은 거무튀튀합니다. 만져보면 부슬부슬해요. 그 안에 유기 물질이 많기 때문입니다.

여러분 탄소C 알지요? 공기 중에 이산화탄소CO_2 양이 늘어나서 지구 온난화가 심해졌다는 사실은 잘 알고 계실 겁니다. 그래서 이 탄소 배출량을 줄이고자 각국에서 많은 노력을 기울이고 있고요. 그런데 농사에서는 이 탄소가 꼭 필요한 물질입니다. 광합성이라는 게 식물들이 공기 중에 있는 탄소를 물과 결합시켜 유기물, 즉 탄수화물$C_n(H_2O)_m$을 만드는 거잖아요. 이걸 뿌리에 저장하거나 열매로 만들지요. 그걸 사람이 먹는 거고요. 그런데 만약 사람이 작물을 계속 뽑아먹기만 하면 어떻게 되겠어요? 땅속의 유기물들이 고갈되겠지요. 다시 땅으로 돌아가야 할 것들이 전부 다 사람 뱃속으로 들어가잖아요. 그러면 그 땅은 쓸모없는 땅, 생명이 자랄 수 없는 땅이 되고 맙니다. 그럼 어떻게 해야 하느냐, 사람이 먹은 걸 다시 땅에 돌려주면 돼요. 똥오줌으로 비료를 만들어서 땅에 뿌리는 게 바로 그겁니다. 땅 → 농작물 → 사람 → 땅, 이런 식으로 유기물이 순환하는 거예요.

더럽다고 생각할 게 아닙니다. 건강한 사람 똥은 땅의 힘을 돋우고 작물을 튼튼하게 자라게 합니다. 문제는 가축의 배설물로 만든 비료, 즉 축분畜糞입니다. 실제로 지금 우리가 먹는 농산물 대부분은 축분으로 길러지고 있어요. 또 유박油粕이라고 해서 기름을 짜고 남은 콩, 들깨, 참깨 찌꺼기로 만든 비료를 사용합니다. 축분은 각종 약물에 오염되어 있는 경우가 많아요. 당연히 땅에도 나쁜 영향을 줍니다.

가축 키울 때 병 걸리지 말라고 항생제 놓죠. 빨리 크라고 성장 촉진

제호르몬제를 투여합니다. 잘 아시다시피 항생제는 병균을 죽이는 약입니다. 일종의 살균제지요. 그런데 이게 나쁜 균만 죽이는 게 아니라 좋은 미생물도 함께 죽인다는 거예요. 여러분도 뱃속에 유산균이 있지요? 그게 많아야 장이 건강합니다. 그런데 우리가 고기를 먹으면 항생제도 같이 들어오죠. 그러면 유산균도 함께 죽습니다. 당연히 건강에 안 좋죠. 성장 촉진제도 마찬가지입니다. 동물 몸속에 있는 게 그대로 사람에게 들어옵니다. 성조숙증에 걸린 아이들 뉴스에 나오죠? 성장 촉진제는 아이들 발달에 이상을 일으키고 노화를 촉진합니다.

물론 사람도 병원에 가면 항생제 주사를 맞아요. 하지만 좁은 사육실 안에서 길러진 동물들보다는 극히 적은 양에 불과합니다. 그러니 우리 똥으로 만든 거름이 훨씬 훌륭하다는 거죠. 이걸 변기에 내다 버리고 있으니 얼마나 안타까운 일입니까. (웃음) 기껏 좋은 거름은 돈 들여서 자연에다 버리고 나쁜 똥은 돈 주고 사다가 우리가 먹는 농작물을 키운다는 건 경제적으로 봐도 아주 비효율적이에요.

여러분이 화장실에 가서 볼일을 보고 물을 내렸을 때, 얼마만큼의 물이 쓰이는지 아세요? 무려 12~13리터에 달합니다. 똥도 버리고 물도 버리는 거예요. 이런 낭비부터 줄여야 하지 않겠어요?

똥과 오줌은 최고의 비료

오줌도 아주 훌륭한 비료입니다. 화학 비료와 비교를 해보면 잘 알 수 있어요. 여러분, 화학 비료 중에서 많이 쓰는 걸로 질소 비료가 있습니다. 이건 색이 하얘서 흰 비료라고도 합니다. 복합 비료는 칼륨, 인산이 섞여 거무튀튀한 색을 띠고 있어요. 그런데 이 질소 비료의 주성분이 바로 요소$Co(NH_2)_2$입니다. 우리가 잘 알고 있듯이 오줌의 성분이지요. 공기 중에 있는 질소를 이용해서 만듭니다. 그러니까 이 흰 비료는 냄새 안 나는 오줌이라고 생각하시면 돼요.

그렇다면 질소 비료와 오줌의 차이점이 뭐냐? 질소 비료에는 없는 것, 바로 유산균입니다. 유산균은 그 특성상 공기를 싫어해요. 밀폐된 곳에서 생깁니다. 여러분, 집에서 김장하면 배추를 용기에 꾹꾹 담아서 뚜껑을 덮지요? 공기를 차단하기 위해서입니다. 그러면 유산균이 생겨요. 이 균은 사람 몸에도 좋지만 작물들에게도 매우 좋은 비료가 됩니다. 게다가 오줌의 주성분인 요소는 발근제發根劑 역할을 하지요. 발모제가 머리털을 나게 하는 성분이듯 발근제는 뿌리를 키우는 성분이라고 생각하시면 됩니다.

식물에 뿌리만큼 중요한 게 없죠? 뿌리를 잘 키워야 훌륭한 농부입니다. 겉으로 보이는 걸 잘 키우는 게 아니라 눈에 보이지 않는 땅속의 뿌리를 튼튼히 하는 게 농사를 잘 짓는 비결이에요. 사람도 마찬가지지요. 겉모양만 꾸미지 말고 자기 마음속, 뿌리에 관심을 가져야 합니다. 아무튼, 그래서 그만큼 훌륭한 비료가 바로 우리 몸에 있는 오줌이라는 말씀을 드립니다.

옛날에 우리 조상들도 그런 사실을 잘 알고 있었습니다. 그래서 "자기 똥을 3년 안 먹으면 죽는다"고 했어요. 한번 상상을 해보세요. 내가 내 땅에다 내 똥으로 키운 걸 먹는다, 이러면 결국 내가 나를 먹는 거잖아요. 세상에서 제일 깨끗하고 안전한 거죠. 오늘날에는 싸게 대량으로 재배하려고 온갖 알 수 없는 비료들을 수입해서 씁니다. 여러분이 매일 먹는 음식이 어디서 어떻게 만든 줄도 모르는 비료로 키운 작물이라고 생각해보세요. 얼마나 찝찝해요.

몇 년 전에 중국산 배추에서 해충 알이 나왔다고 언론에 대서특필된 적이 있어요. 사람들이 하도 불안해하기에 제가 회원들하고 우리 농장에서 키운 농작물을 검사해봤습니다. 연구소에 농장 흙하고 배추를 보내서 검사했더니, 깨끗해요. 아까도 말씀드렸지만 저희 농장의 거름은 완벽하게 발효시켜서 사용합니다. 만지고 냄새를 맡아봐도 이게 똥인지 오줌인지 모를 정도예요. 다 익은 똥에는 냄새가 없습니다. 대신 유익한 미생물이 많아요. 대표적인 게 방선균입니다. 이 균은 천연 항생제 역할을 합니다. 사람의 면역력을 높이고 피부도 고와집니다. 방선균이 많은 흙을 밟고 생활하면 사람이 건강해져요. 저를 한번 보세요. 나이에 비해서 얼마나 피부가 좋습니까. (웃음) 저는 세수할 때 비누칠도 안 해요. 오로지 물로만 씻고 머리도 물로만 감습니다. 이는 소금으로 닦고요. 화장지도 안 써요.

우리가 보통 사용하는 화장지에는 표백제, 연마제, 형광제 같은 게 들어가 있습니다. 보면 새하얗고 번들번들하잖아요. 몸에 좋을 리가 없는 독성 물질들입니다. 얼마나 독한고 하니, 화장지는 자연 상태에서 썩지가 않아요. 다행히 요즘은 마트에도 무형광, 무표백 화장지들이 나와 있으니 꼭 그런 것을 사용하세요.

말이 나온 김에 하나 더 말씀드리자면, 피부에 뭘 바르는 것도 좋지 않습니다. 왜냐하면 사람 피부에는 숨 쉬는 막이 있어요. 비누칠을 해 버리면 이게 벗겨져 나갑니다. 게다가 그 위에 로션 같은 걸 바르면 완전히 막혀버리죠. 피부 호흡은 폐호흡만큼 사람이 살아가는 데 중요해요. 우리가 폐로 숨을 쉬면서 생명 활동에 필요한 산소를 얻잖아요. 피부 호흡은 몸에 축적된 노폐물들을 땀으로 내보내는 역할을 합니다. 그래서 전 샤워도 자주 안 해요. (웃음) 가끔 명절 때나 대중목욕탕 가서 목욕하고 여름에는 풀 매느라 땀을 많이 흘려 샤워를 하지만 물로만 하고요, 간혹 계곡물로 등목도 해요.

여러분 등목이 얼마나 시원한 줄 아세요? 기분만 그런 게 아니에요. 과학적으로도 설명이 됩니다. 등목은 몸의 위쪽만 차게 하잖아요. 배쪽은 따뜻한 채로 있습니다. 여러분, 과학 시간에 배우셨겠지만 따뜻한 기운은 올라가고 차가운 기운은 내려갑니다. 즉, 등목을 하면 몸에서 대류 현상이 일어나는 거예요. 아래위로 찬 기운이 순환하니까 훨씬 상쾌한 겁니다. 온몸에 물을 끼얹는 샤워는 그때뿐이에요. 금세 더워집니다. 아무튼 피부 호흡을 위해서라도 샤워를 자제하라고 말씀드리는 겁니다. 특히 아토피 같은 피부병을 가진 분들에게 제가 강조하는 바입니다. 몸속의 독소를 내보내려면 너무 자주 씻지 마라. 그리고 흙을 밟고 냄새를 자주 맡아라.

흙이야말로 우리 몸을 깨끗이 해주기 때문입니다. 저희 농장에는 야생동물도 많습니다. 수리부엉이, 매, 뱀, 너구리, 족제비…, 수도 없이 많은데 이 짐승들을 보면요, 아주 깨끗해요. 숲 속 돌아다닌다고 더러울 것 같죠? 전혀 그렇지 않습니다. 볼 때마다 느끼는 거지만, 아주 말끔해요. 제가 들고양이를 키우고 있는데, 밤새 쏘다니는 이 녀석도, 만져보면 냄새가 하나도 안 나요. 목욕을 하지 않았는데도 말이죠. 자연의 바람, 흙, 이런 것들이 청결을 유지해주는 거라고 저는 생각합니다. 이야기가 조금 바깥으로 샜습니다만, 자연적인 것이 가장 건강에 좋은 것이라는 취지에서 드린 말씀이고요. 이번에는 먹는 얘기를 한번 해보겠습니다.

바른 먹거리와 건강한 똥

우리나라 사람들은 요즘 고기를 많이 먹습니다. 그런데 육식을 많이 하면 건강에 좋지 않다는 사실은 잘 알고 계시죠? 여러 이유가 있지만 그중 하나가 동물단백질입니다. 최근 미국 캘리포니아대학의 연구 결과에 따르면 동물단백질 위주의 식사를 하면, 즉 육식 중심의 식생활 습관을 가진 사람은 그렇지 않은 사람보다 암에 걸릴 확률이 네 배나 높다고 해요. 아시겠지만, 단백질은 인체 활동에 없어서는 안 될 영양소입니다. 그러면 고기를 안 먹고 어떻게 이 단백질을 공급받을 수 있느냐, 대신 식물단백질을 섭취하면 됩니다. 대표적인 게 콩으로 만든 두부가 있죠. 콩은 아주 좋은 단백질 공급원입니다. 그런데 그보다 더 좋은 게 있습니다. 바로 우리 전통 음식인 된장이에요. 여러분 두부 썩은 냄새 맡아 봤어요? 아주 고약하죠. 거의 고기 썩는 거와 비슷합니다. 이유를 말씀드릴게요.

단백질은 질소로 만들어진 물질입니다. 그런데 단백질이 썩을 때, 질소N가 공기 중의 수소H와 결합하면서 암모니아NH_3를 만들어요. 냄새의 원인이 바로 이 암모니아 가스입니다. 단백질 안에 일종의 독이 있는 거예요. 그런데 된장은 미리 한 번 발효를 시킨 것이기 때문에 독성이 없습니다. 그래서 된장을 먹고 똥을 싸면 냄새가 아주 구수해요.

제가 한 번은 고기만 먹고 싼 똥 냄새가 어떤지 궁금해서 동물원에 갔습니다. 서양 사람 만날 기회도 적고, 화장실까지 쫓아가서 냄새를 맡았다간 미친 사람 취급을 받을 게 뻔하잖아요. (웃음)

서울대공원 호랑이 사육사에게 호랑이 똥 냄새를 맡게 해달라고 부탁했습니다. 그랬더니 그분 말씀이, 자기가 곧 정년퇴임인데 평생 호랑이 똥 냄새 맡으러 온 인간은 처음이다, 해요. 아무튼 그분 덕택에 호랑이 우리로 들어갔어요. 호랑이를 그렇게 가깝게 본 건 저도 처음이었습니다. 상상했던 것보다 훨씬 위험해 보였어요. 그 눈의 광채가 얼마나 섬뜩한지, 함께 들어갔던 제 아내는 기겁을 하고 도망을 갔습니다. 저는 용기를 내서 사육사가 알려준 곳에서 호랑이 똥을 사진에 담고 직접 냄새를 맡았습니다. 엄청나게 지독하더군요. (웃음) 내려오는 길에 사슴 같은 초식 동물의 똥도 관찰했는데 훨씬 냄새가 덜해요. 고기에 함유된 고단백질이 독성이 강하다는 말씀을 드리는 거예요. 그래서 서양 사람들이 대장암이 많습니다. 그 독성이 오랫동안 남아 있으니 좋을 리 없죠.

중세 유럽에서 페스트가 창궐한 적이 있습니다. 인구의 3분의 1이 죽었어요. 엄청난 재앙이었습니다. 그런데 이 페스트의 원인이 무엇인지 아세요? 당시 유럽의 거리는 지금처럼 깨끗하지 않았습니다. 온통 똥 천지였어요. 농담이 아닙니다. 우리나라의 연립주택과 비슷한 주택들이 대부분이었는데 공중화장실은 1층에 있고 집안에 아예 화장실이 없었어요. 당시 사람들은 길에서 똥을 누거나, 심지어 집에서 똥을 요강에 누었다가 몰래 밖으로 내던졌습니다. 아래층에서도 던지고 위층에서도 던지고, 그러다 보니 길거리가 온통 똥 천지예요. 하이힐의 유래가 바로 이거라고 해요. 길거리 똥을 안 밟으려고 굽 높은 신발을 신었다고 하잖아요. 여하튼 사정이 이렇다 보니 좁은 도시에 오염원이 넘치면서 페스트균이 창궐합니다. 육식을 주로 하는 서양 사람들은 똥 자체의 독성도 독성이지만 이걸 처리하는 방식이 미숙했던 거예요. 현대에 와서도 마찬가지입니다.

지금으로부터 약 100년 전에 프랭클린 히람 킹이라는 미국의 유명한 농학 박사가 동양 삼국(한국, 중국, 일본)을 찾습니다. 자기네들은 농사를 지으면 지을수록 땅이 망가져서 생산성이 떨어지는데, 전통적으로 식량을 생산하는 동양은 그렇지 않다는 사실을 알게 됩니다. 그 비결을 알고 싶어서 찾아온 거예요. 삼국을 돌아다니면서 농사법을 체험합니다. 그리고 결론을 내리는데, 아까 제가 말씀드린 내용과 같아요. 즉, 동양의 농부들은 땅에서 얻은 것을 그대로 땅으로 돌려줬다는 거예요.

집집마다 뒷간도 살펴보았는데 신기하게도 파리가 없었습니다. 태평양을 건너오느라 석 달 걸렸는데 그때 보았던 파리보다 동양 삼국을 돌면서 1년 동안 본 파리 수가 훨씬 적었다고 합니다. 서양은 집에서도 파리채를 들고 식사를 할 정도였다고 해요. 서양 사람들은 당시 똥을 하수도로 흘려버렸는데 똥이 물과 섞이면 구더기가 마구 꼬여요. 그런데 당시 우리의 뒷간은 똥에 톱밥이나 재 같은 걸 섞어 놓았기에 똥이 발효가 되어서 구더기가 안 생깁니다. 우리 뒷간은 보기에는 안 좋아도 수세식 변기보다 위생상 깨끗해요. 일찌감치 자연의 섭리를 터득했던 조상들의 지혜를 우리가 잘 활용해야 합니다.

씨앗 이야기

이번에는 화제를 돌려서 종자 즉, 씨앗 이야기를 해보겠습니다. 저희 밭에 배추가 무럭무럭 자랍니다. 그런데 이게 일반 시장에서 파는 거랑은 종자가 달라요. '개성배추'라고 하는 토종입니다. 저희 농장에 심은 작물들은 90퍼센트 이상이 토종이에요. 가능한 토종 씨앗을 썼는데 양파만 못 구하고 종묘상에서 일반 씨앗을 사다 심었습니다. 제가 이렇게 토종에 집착하는 데는 이유가 있습니다. 일반적으로 '신토불이'라고 해서 토종에 대해 막연히 좋을 것으로 생각하는데요, 과학적으로 근거가 있습니다.

지금 우리나라에서 기르는 작물 중 토종과 토종이 아닌 것의 결정적인 차이는 바로 '불임성'입니다. 토종이 아닌 건 한 번 쓰고 마는 씨앗이에요. 다국적 종묘기업에서 파는 것들은 대개 그렇습니다. '터미네이터 종자'라고 해서 아예 다음 세대는 사용을 못 해요. 당연히 농부들은 새로 씨앗을 구입해야 합니다. 해충에도 강하고 농약을 세게 쳐도 멀쩡히 잘 자라는데 그다음 해에는 씨가 안 맺혀요. 이 씨앗은 스스로 자살을 하게끔 프로그래밍되어 있습니다.

여러분이 마트에서 사다 먹는 귤이나 바나나 보세요. 그 안에 씨가 있던 가요? 보통은 과일에 씨가 있어서 먹고 나서 땅에 심으면 또 싹이 나오잖아요. 그런데 상업적으로 길러지는 작물들은 그 세대에서 끝이 납니다. 생명이 이어지지 않아요. 여러분이 먹는 채소들도 마찬가지입니다. 특히 서양 채소는 백 퍼센트 불임 씨앗이에요. 그나마 우리가 먹는 것 중에 씨가 있는 것은 곡식뿐입니다.

씨가 왜 중요하냐면 생명의 정수잖아요. 사람이 이걸 먹고 살아야 해요. 생명의 진짜배기가 씨에 들어가 있기 때문입니다. 생명의 본질이 자손 증식이잖아요. 당연히 씨앗에 모든 중요한 물질들이 들어가 있겠지요. 인간에게 이 씨앗은 귀중한 먹거리였어요. 그런데 문명이 발달한 오늘날 우리가 이걸 못 먹잖아요.

곡식 중에서 싹이 나는 씨를 먹어야 합니다. 여러분이 보통 먹는 밥은 백미로 짓지요? 이건 쌀눈을 도려낸 겁니다. 불임 음식이나 마찬가지에요. 대신 현미는 쌀눈이 그대로 살아 있습니다. 이건 땅에 심으면 싹이 나요. 그래서 현미가 건강에 좋은 겁니다.

여러분 〈혹성 탈출〉1968년이라는 영화 보셨나요? 최근에 후속작이 개

봉했는데 그거 말고 오리지널 〈혹성탈출〉에 보면 이런 장면이 나옵니다. 주인공이 원숭이 마을에 가서 숨어 지내는데 이때 원숭이가 밥을 주면서 "농작물 중 좋은 것은 밥 해먹고 그다음 것을 씨로 쓴다고"라고 해요. 그러자 인간 주인공이 "씨로 쓰는 것은 제일 좋은 것으로 해야 하고 그 나머지로 밥을 해먹어야 종자가 좋아지지 좋은 씨를 먹어버리면 언젠가는 종자가 사라질 수 있다"고 가르치는 장면이 나옵니다.

원숭이[유색인]는 미개하고 인간[백인]은 우월한 종자라는 것을 주장하는 것 같아 씁쓸했지만, 제가 강조하고 싶은 것은, 기르기 쉽고 먹기 편하다고 자꾸 씨앗을 없애면 나중엔 아예 먹을 게 사라져버릴지도 모른다는 사실입니다. 실제로 농업이 현대화되면서 종자가 멸종하는 속도가 무척 빨라졌습니다. 이러다가는 대량 재배가 가능한 몇몇 작물을 제외하곤 다 사라질 거예요. 다양한 작물들이 자라던 땅을 싹 밀어버린 다음에 거기에 돈이 되는 작물을 심습니다. 게다가 유전자 조작을 통해서 불임을 시켜요. 그러니 몇 가지만 살아남을 수밖에요.

전통적인 농사법은 그렇지 않았어요. 씨앗을 뿌리고 열매를 맺으면 이걸 먹고 다시 그 씨앗은 고스란히 땅으로 돌려주었습니다. 지금은 이런 생명의 순환이 탁 끊겼습니다. 배불리 먹을 줄만 알지 작물의 씨앗을 땅으로 되돌려주지 않아요. 이러다가는 결국 우리 밥상에 먹을 게 사라집니다.

지금 우리가 먹는 작물 중에는 외국에서 건너온 것들이 많습니다. 감자, 고구마가 그렇죠. 배추도 마찬가지예요. 원산지가 중국입니다. 그런데 유일하게 한국이 원산지인 게 있어요. 바로 콩입니다. 콩은 우리에게 매우 소중한 작물이에요. 단백질 공급원일 뿐만 아니라 땅을 비옥하게 합니다. 여러분도 생물 시간에 배웠을 거예요. 콩과科 식물의 뿌리에는 뿌리혹박테리아가 있습니다. 이 균은 공기 중의 질소를 고정하여 식물에 공급하고 땅을 기름지게 합니다. 즉, 콩을 많이 재배할수록 사람은 물론 땅도 건강해지는 거예요. 반면에 육식은 땅을 황폐화합니다. 육식을 위해 기르는 소나 양은 풀을 뜯어 먹고 땅을 단단하게 다져 작물이 자랄 수 없게 하잖아요.

여하튼 이 콩은 우리나라가 원산지인데 그 종류가 엄청나게 많습니다. 세월이 흐르는 동안 우리나라에는 다양한 종류의 콩들이 번성했습니다. 대략 4000종에 가까워요. 제가 충북 괴산에 가서 6개월간 토종콩을 수집했는데, 그때 강낭콩만 서른네 종이 나왔어요. 이 모든 게 콩의 씨앗을 자연으로 되돌려준 우리 조상님들 덕분입니다.

우리나라 쌀의 종자 수는 콩보다 적습니다. 대략 1600여 종이 돼요. 일제 강점기만 해도 그랬습니다. 그러다가 생산성을 높인다고 몇 가지 종류의 볍씨만 뿌렸습니다. 그래서 지금은 고작 50여 종으로 줄었어요. 이러다간 잘나가는 벼 한 종만 남고 나머진 사라지겠죠.

배고픈 시절에는 생산성을 늘이는 데 집중했습니다. 종자를 개발하고 화학비료를 뿌렸지요. 그러면서 전통적인 농사법은 외면당했습니다. 효율성이 떨어지는 낡은 것으로 치부되었지요. 소로 쟁기질을 하고 똥오줌으로 만든 거름을 뿌리는 장면은 이제 드라마에서나 볼 수 있는 과거의 유물이 되었습니다. 농업이 현대화되면서 자연스러운 현상으로 이해되었지요. 그런데 여기서 우리가 빠뜨린 게 있습니다. 조상들이 물려준 위대한 유산인 우리 종자, 우리의 자연을 잃어버렸다는 사실입니다. 과거 우리나라는 종자 대국이었습니다. 지금은 대부분 종자를 외국 회사에서 사서 쓰고 있지요. 그 대가로 엄청난 액수의 로열티를 지불합니다. 경제적인 측면뿐만 아니라 식량 주권 차원에서도 이건 매우 심각한 문제예요. 다른 나라들은 종자 확보에 매우 적극적입니다.

뉴스에 보도된 적이 있습니다만 전남대학교 생물학과 교수가 무인도를 조사하면서 야생 콩 수백 종을 수집한 적이 있습니다. 이 소식을 듣고 미국 종자 회사가 찾아왔어요. 엄청난 액수를 제시하며 소유권을 넘기라고 했답니다. 다행히 거절했지만, 제가 말씀드리고자 하는 것은 '왜 그 많은 돈을 주면서 씨앗을 사들이려고 했을까?'예요. 답은 간단합니다. 장사가 되기 때문이에요. 외국 기업들이 우리나라 토종 씨앗을 이용해 육종한 신품종을 확보하고 있는 경우는 상당히 많습니다. 대부분 그런 사실조차 몰라요.

여러분, 구상나무라고 들어봤나요? 전나무속屬에 속하는 나무인데요. 미국에서는 크리스마스트리로 쓰이면서 연말이면 엄청나게 팔려나가는 나무입니다. 그런데 이 나무의 원산지가 우리나라 제주도예요. 그래서 학명도 "Abies koreana"입니다. 지역 주민들이 이걸 "쿠살낭"이라고 부른다고 해서 구상나무라고 붙여졌어요. "쿠상"은 제주도 말로 성게를 뜻합니다. 한라산에서 표본을 채취한 다음에 이걸 신종 식물로 발표한 사람이 당시 하버드대학교에 재직 중이던 식물학자 헨리 윌슨입니다. 벌써 100년 전 일이에요. 지금 이 나무를 이용해 크리스

마스트리를 만드는데 그 소유권을 미국이 가지고 있습니다. 우리 토종 나무를 엄한 사람들이 가져다가 이용해 돈을 벌고 있는 거예요. 이제 미국 기업에서 우리나라 야생 콩에 관심을 보인 이유를 아시겠지요? 지금 당장 돈 몇 푼에 씨앗을 팔아넘기면 그 결과는 수십, 수백 배의 손해로 돌아온다는 것을 아셔야 합니다.

씨앗의 중요성을 일찌감치 알아챈 서양인들은 씨앗 수집에 열중했습니다. 미국의 3대 대통령인 토머스 제퍼슨은 농학을 공부한 사람이었습니다. 세계를 지배하려면 종자를 장악하라고 말할 정도로 씨앗의 중요성을 강조했던 사람이에요. 대통령이 되자 군인, 외교관, 상인들을 총동원해서 세계 곳곳의 종자를 끌어모았습니다. 무려 200년도 더 전에 말이에요. 우리는 지금이라도 정신을 차려야 합니다. 스마트폰, 자동차 팔아서 돈 벌 생각만 하지 말고 종자 지키기에 나서야 해요. 생각 없이 야금야금 뺏기다가 나중에는 큰 손해를 보게 될 겁니다. 우리에겐 조상님들이 물려주신 훌륭한 농사법과 자연 생태가 있습니다. 자부심을 갖고 우리 것을 지켜나갔으면 합니다.

지금까지 먹거리와 똥, 그리고 씨앗에 대해 말씀드렸는데요. 부족하나마 저의 농사 이야기를 통해 생명의 소중함을 깨닫고 자연의 이치에 걸맞은 삶이 무엇인지 살펴보는 계기가 되셨으면 합니다. 감사합니다.

농사의 아름다움

청소년 선생님께서는 시골에 사시면서 귀농 운동도 하시고 이와 관련하여 저술 활동도 하시는 걸로 알고 있습니다. 농업에 관심을 갖게 된 특별한 계기가 있으신가요?

안철환 처음부터 농사지을 생각은 없었어요. 그런데 어느 날 우연히 심은 씨앗에서 싹이 난 거예요. 이걸 잘 살려보자 해서 처음에는 서너 평 땅에 자그맣게 농사를 시작했습니다. 그러다가 100평, 200평, 넓혀 가다가 지금은 2000평 넘는 땅에서 회원들과 함께 농사를 짓습니다. 그러면서 마음이 편안해지는 저를 느꼈습니다. 도시에 살 때는 스트레스가 많았거든요. 도시는 표준화된 시스템으로 개성을 무시한 채 나를 규정해버리죠. 내 삶의 주인이 내가 아닌 거예요. 진짜 나는 누구인가, 하는 본질적인 질문도 생각하게 되었습니다. 농사를 지으면서는 내 삶의 주인으로 사는 것 같았습니다. 제가 회원들에게 농사지을 땅 몇 평씩 분양해주면서 하는 말이 그 땅에서만큼은 당신이 왕이다, 마음대로 하라, 입니다. 자신만의 방법으로 생명을 일구는 일이 얼마나 보람 있고 가치 있는 일입니까. 그것이 바로 농사의 매력입니다. 사람을 행복하고 겸손하게 하거든요. 가끔 거름을 내면서는 인간이 만물의 영장이 아니라 거름 제조기에 불과하다는 생각도 들어요. (웃음) 똥이 순환하고 종자가 순환해야 지구가 건강해질 텐데 그 안에서 인간이 어떤 역할을 할 수 있을까, 고민하게 되죠. 지금처럼 인간이 탐욕스럽게 먹어치우기만 한다면 지구는 곧 사막이 될 겁니다.

창조 신화를 보면 인간은 흙에서 태어납니다. 왜 멋진 금이나 보석이 아니고 지저분한 흙일까요? 저는 조물주가 분명히 농부였을 거라 봅니다. 농부에게 흙은 생명의 원천이잖아요. 아마도 인간을 빚으면서 지구를 생명의 푸른 별로 가꾸길 바랐겠지요. 우리 조상들이 자신의 몸으로 거름을 만들어 쓴 것은 그런 조물주의 기대에 충분히 부응한 일이었습니다.

여러분, 내 몸이 내 것이라고 생각하시죠? 그건 맞습니다. 그러나 시야를 좀 더 넓혀보면 내 몸은 곧 내가 속한 자연의 일부예요. 인간이 만물의 영장이라고 으스댈 게 아니라 자연의 일부로 살면서 생명의 순환이라는 자연의 이치를 거스르지 말아야 합니다. 지금 도시의 삶은 그렇지 못합니다. 그런 의미에서 농사야말로 좀 더 자연에 가까운 삶이라고 할 수 있지요.

청소년 선생님께서는 '진짜 나'를 고민했다고 하셨는데요. 어떻게 해야 '진짜 나'를 찾을 수 있을까요?

안철환 그냥 열심히 살면 됩니다. (웃음) 기대했던 답변이 아닐 거 같아서 죄송합니다만, 오히려 '진짜 나'에 대한 욕심 혹은 집착이 '진짜 나'를 찾지 못하게 하는 수도 있기 때문에 드리는 말씀입니다. 우선 마음을 내려놓아야 합니다. 그리고 지금의 나를 가두고 있는 것이 무엇인지, 올바른 삶은 무엇인지, 정말 내가 원하는 삶이 무엇인지, 등에 대해 치열하게 고민해야 해요. 욕심을 버리고 자기 삶을 돌아보는 것, 이것이 우선 드릴 수 있는 답변이에요.

두 번째로 말씀드릴 수 있는 것은 '총명'입니다. '총명하다'의 뜻이 무엇일까요? 한자로 풀면 聰明총명, 즉 귀와 눈이 밝다는 뜻이에요. 눈이 밝다는 건 세상의 이치를 잘 깨닫는다는 뜻이겠지요? 지금 여러분 눈이 반짝반짝하는 것처럼 말입니다. 그런데 귀가 밝다는 건 뭘까요? 남의 이야기를 잘 듣는다는 뜻입니다. 열심히 배우고 타인의 말에 귀 기울이는 것, 그것이 바로 총명입니다. 저는 총명함이야말로 진짜 나를 탐구하는 데 필요한 조건이라고 생각해요.

마지막으로 말씀드릴 것은 '노동'입니다. 노동이야말로 인간의 본질에 해당하죠. 일을 통해 인간은 자기를 실현합니다. 가만히 앉아서 '진짜 나'를 고민하다 보면 공허해지기 쉽습니다. 열심히 일하면서 그 일을 통해 변화하는 나를 들여다보면서 거기서 '진짜 나'를 찾을 수 있다고 봅니다. 제게는 그 노동이 바로 농사입니다.

청소년 오늘날 도시에서도 농사를 짓는 게 어떤 의미일까요?

안철환 제가 귀농운동본부에서 도시농업위원장을 했습니다. 궁극적으로는 도시의 기능을 소비에서 생산으로 바꾸고자 노력했죠. 지금의 도시는 환경을 파괴하고 자원을 먹어치우는 괴물입니다. 시골에서 생산한 자원을 먹어치우고 엄청난 쓰레기를 다시 시골로 떠넘깁니다. 말하자면, 자기가 싸놓은 똥을 남한테 치우라고 하는 거예요. 예전에는 그러지 않았습니다. 1970년대만 해도 서울에서 농사짓는 사람들이 많았어요. 제가 왕십리가 고향인데, 어릴 적 별명이 '똥파리'였어요. 당시 왕십리는 논밭이 많은 지역인데 똥거름을 많이 썼거든요. 곳곳이 똥구덩이였습니다. 그래서 붙은 별명이에요. 당시만 해도 생산과 소비의 선순환이 있었어요. 쓰레기의 양도 많지 않았지요. 지금은 서울에서 먹고 남은 음식물쓰레기가 전부 다 외곽으로 갑니다. 그것 때문에 수도권 지방자치단체들과 갈등이 일어나죠. 왜 서울 사람들 쓰레기를 우리가 부담해야 하느냐 하면서 말이죠. 김포, 인천 지역이 그렇습니다. 각 도시에서 먹거리를 스스로 생산하고 소비하면서 선순환을 통해 쓰레기를 줄이는 방법을 모색해야 합니다. 도시 농사가 그 대안이 될 수 있어요.

청소년 가축 똥도 좋은 거름이 될 수 있나요?

안철환 당연히 만들어 쓸 수 있습니다. 유기물이기 때문에 거름으로 쓰는 데 문제가 없어요. 다만, 잘 썩혀서 써야 해요. 그리고 건강하게 기른 가축의 똥이어야 합니다. 각종 유해물질이 포함된 사료를 먹고 자란 가축은 똥도 오염이 되기 때문에 그런 거름을 쓰면 땅이 망가집니다.

청소년 방송에 보면 농사를 지으면서 행복을 찾았다고 하는 분들이 있는데 이유가 뭔가요?

안철환 직접 해보면 압니다. 제가 사람들에게 농사를 권할 때 늘 하는 얘기가 있어요. 부부싸움을 하고 나면 반드시 밭에 나가라, 가서 호미질을 하든 뭘 하든 집중해서 농사일을 하면 화가 풀린다. (웃음) 요즘 사람들이 자꾸 아픈 게 생각이 많아서입니다. 나가서는 회사 일로 스트레스 받고 집에 와서는 가족 간 불화로 마음이 불편합니다. 그러니 병이 늘 수밖에요. 농사를 지으면 달라집니다. 씨를 뿌리고 거름을 내고 풀을 뽑다 보면 자연스레 지금 이 순간에 집중하게 됩니다. 불안이나 화 같은 감정의 찌꺼기들이 사라져요. 마음이 평화로워지는 거죠. 그게 바로 행복 아닐까요?

청소년 농사를 지으시면서 가장 좋았던 점은 무엇인가요?

안철환 자연의 아름다움을 몸으로 느낄 수 있다는 것이었습니다. 특히 싹이 트는 모습은 언제나 감동적이에요. 지난가을에 뿌린 씨앗이 흙속에 숨어 있다가 봄이 되면 하나둘씩 고개를 쳐듭니다. 참 신기하기도 하고 대견하기도 하죠. 그리고 벼꽃도 무척 아름다워요. 벼는 이삭이 패면서 바로 꽃이 피는데 멀리서 보면 아주 장관입니다. 입이 딱 벌어져요. 그 자그마한 씨앗에서 어찌 저리 멋진 생명이 움터 나올까, 볼 때마다 생명의 신비에 감탄이 절로 나옵니다. 여러분도 직접 경험해보시기를 권합니다.

5강

나의 삶, 그리고 나의 문학

– 박영희(시인, 르포작가)

중요한 것은 자기만의 길을 가는 것입니다.
흔들림 없이 자기가 옳다고 믿는 것을 향해
한 걸음 한 걸음 나아가세요.
진짜 아름다운 삶은 온전히 자기 삶의
주인공이 되는 것 아닐까요?

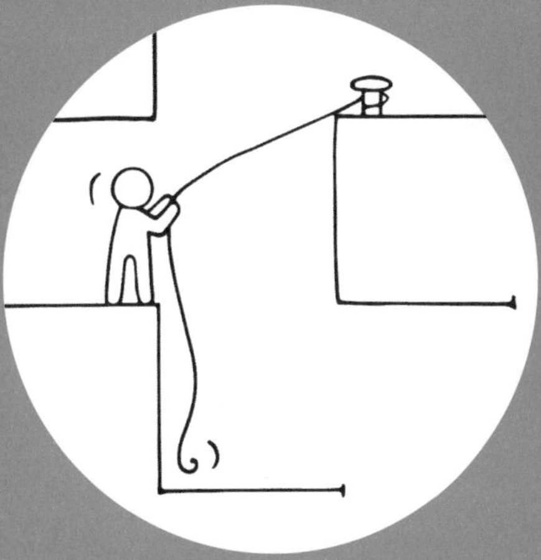

박영희

시인이자 르포작가로 1985년 문학무크 〈민의〉에 시 「남악리」 등을 발표하면서 등단하였다. 쓴 책으로는 시집 『그때 나는 학교에 있었다』, 『즐거운 세탁』, 『팽이는 서고 싶다』, 『해 뜨는 검은 땅』, 『조카의 하늘』, 르포집 『두만강 중학교』, 『해외에 계신 동포 여러분』, 『나는 대학에 가지 않았다』, 『내 마음이 편해질 때까지』, 『보이지 않는 사람들』, 『만주의 아이들』, 『아파서 우는 게 아닙니다』, 여행 에세이 『하얼빈 할빈 하르빈』, 『만주를 가다』, 장편소설 『운동장이 없는 학교』 등이 있다.

나의 삶, 그리고 나의 문학

안녕하십니까. 오늘 삶이라는 주제로 강연을 할 텐데요. 처음 제안을 받았을 때 고민이 많았습니다. 나 같은 사람이 삶에 대해 해줄 수 있는 말이 무얼까? 그러다가 결국 그냥 내가 살아온 이야기를 하자는 쪽으로 마음을 굳혔습니다. 다소 두서없이 들릴지라도 양해를 부탁드립니다.

노을 속 유년의 꿈

저는 대구에서 살고 있어요. 오늘 KTX를 타고 올라왔습니다. 개인적으로 빠른 걸 별로 좋아하지 않아서, 조금 불편했습니다. 조그만 땅덩어리에 뭐 그리 급하다고 시속 400킬로미터로 달리나 하는 생각이 들었죠. (웃음) 저는 걷는 것을 좋아합니다. 운전면허도 없어요. 주로 대중교통을 이용하지요.

기차를 타고 오면서 오래전 여행의 기억이 떠올랐습니다. 2004년부터 만주에 자주 갔는데, 방학 기간에 교사, 학생들과 독립운동 유적지를 살펴보는 행사였습니다. 중국은 땅이 넓다 보니 이 성省에서 저 성으로 이동하려면 보통 열 시간 이상 기차를 타야 하죠. 그리고 그곳은 모든 게 다 느립니다. 사람도 느리고 기차도 느리죠. 그래도 저는 그런 여행을 좋아합니다. 속도는 뭔가 비인간적이라는 생각이 들어요.

인생을 여행에 비유하자면 속도는 사람과 사람 사이를 지나치게 합니다. 원래는 멈춰서 소통하는 게 우리네 삶이잖아요. 어딘가에서 누군가를 만나고 헤어지고, 또 누군가를 새롭게 만나곤 하는데 그 모든 과정이 속도에 묻혀버리는 겁니다. 저는 사람과의 만남을 무척 중요시합니다. 한 사람을 오래 만나는 것도 좋고, 낯선 사람을 잠시 만나는 것도 좋아요. 어떤 관계든 사람과 사람 사이에는 서로 배울 점이 있습니다. 여행은 수많은 만남을 가져다주는 좋은 계기예요.

해마다 5월이 오면 광주로 여행을 갑니다. 그곳에서 역사를 생각하고, 내 마음에 남은 정신적 빚이랄까 이런 것들을 깨닫고 오지요. 때가 되면 만주로 광주로 여행을 하는 이유는 제 나름대로 역사를 공부하려는 생각 때문입니다. 저는 공부가 머리로만 하는 것이 아니라고 생각해요. 직접 내 몸으로 겪고 생각하는 것이 참된 공부라고 생각합니다. 책 속에 갇힌 역사를 다시금 살려내는 일이지요.

여행길에서 저는 혼자 숙소에서 가만히 생각에 잠겨 스스로 질문을 던져봅니다. 나는 왜 여기에 있는가, 앞서 간 사람들은 그때 무슨 생각을 했을까, 사색은 산 자가 죽은 자와 대화할 수 있는 유일한 방법이에요. 그러다 보면 사고의 폭이 넓어지고, 그 안에서 글도 따라 나옵니다. 천천히 세상과 소통하면서 생각하기, 이것이 제가 터득한 공부법입니다. 누군가 가르쳐 주는 공부가 아니라 스스로 깨달아가는 공부지요.

속도에 치이면 남는 것은 경쟁밖에 없습니다. 남들보다 좀 더 빨리 목적지에 닿는 것, 오늘날 많은 사람들이 그 안에서 힘들게 살아가고 있지요. 저는 경쟁을 해본 기억이 별로 없어요. 나 자신과 주로 싸웠죠. 검정고시 출신이다 보니 경쟁할 상대가 없었습니다. 저는 초등학교를 졸업한 이후 농사를 짓다가 서울에 올라와서 5년쯤 살면서 수많은 직업을 전전했는데 나중엔 학교에 한번 가고 싶더라고요. 일반학교에는 못 들어가고, 공민학교취학 연령을 넘긴 사람을 대상으로 교육을 하던 학교에 입학해서 8개월을 다녔습니다. 제 인생에서 교복을 입어본 처음이자 마지막 시기였어요. 그래도 열등감 같은 것은 없습니다. 삶에 대해 고민도 많이 했고요. 과연 삶이란 무엇일까, 어떻게 해야 올바로 삶을 살 수 있을까? 라는 고민을 거듭하다 보니 결국 '나'라는 존재로 귀결되더군요. 나의 존재에 충실하자, 남 눈치 보면서 살지 말고 나를 더 깊이 있게 채우자, 이런 생각을 했죠.

누구에게나 자신만의 길이 있다고 생각해요. 제 초등학교 때 꿈은 열차 승무원이었습니다. 달리는 기차를 보면 저걸 타고 어디론가 멀리 가고 싶었습니다. 좀 더 커서는 깡패가 되고 싶었습니다. (웃음) 서울 생활이 그렇더라고요. 적어도 남한테 얻어맞지 않고 살고 싶었던 거죠. 합기도, 복싱 등 운동을 무척 열심히 했습니다. 그러다가 누군가를 만나 우연히 문학을 알게 되었어요. 제 인생에 중요한 전환점이었습니다.

그전에는 문학이 뭔지 몰랐어요. 제 주변에 그런 걸 알려줄 만한 사람도 없었어요. 그런 제가 문학을 만난 건 커다란 행운이었죠.

초등학생 때 저는 왕복 30리 길을 걸어 학교를 다녔습니다. 대략 12

킬로미터 되는 거리인데, 그러면서도 결석 한 번 안 했습니다. 당시 개근한 사람이 무척 드물었어요. 아주 착실한 아이였죠.

학교를 마치고 돌아오는 길에 뉘엿뉘엿 해가 저뭅니다. 그 풍경을 자꾸 돌아보게 되는 거예요. 석양이 지는 데 한 시간 정도 걸립니다. 그 모습을 빠짐없이 지켜보았지요. 아름다웠습니다. 노을이 만들어내는 색채들은 굉장히 다양했어요. 한 시간 동안 진행되는 '하늘 영화'는 화폭이 백번은 바뀌어요. 눈이 부셨습니다. 제 온 정신이 빨려 들어갈 만큼 눈부시고 아름다웠지요. 내가 마지막 생을 마감할 때 저 노을처럼 죽었으면 좋겠다. 저렇게 눈부시게. 그런 생각이 들 정도였습니다.

초등학교 4학년 때 받은 자연수업도 기억납니다. 호랑나비의 성장과정을 관찰했는데, 그때 기록을 꼼꼼하게 잘해서 상도 받았어요. 생태를 관찰하고 표본을 유리관 속에 넣고 기록하는 일이 무척 즐거웠습니다. 새로운 사실도 발견했습니다. 한번은 제가 잡아온 호랑나비 애벌레가 유리관 속에서 구석으로 몸을 움직이지 않겠어요? 시간이 조금 더 지나자 사방에서 번개가 치더니 비가 쏟아졌습니다. 이 작은 생명체가 날씨 변화에 얼마나 민감한지 새삼 깨달았습니다. 빛을 가렸을 때와 비췄을 때도 동작이 달랐어요. 애벌레의 움직임으로 날씨를 예측할 수 있었습니다. 지금도 그때의 기억이 생생합니다.

시인이 되고 난 스무 살 무렵에는 저에게 그런 기억을 남겨준 고향 마을이 궁금했습니다. 내가 나고 자란 곳의 연원이랄까, 그런 게 알고 싶었어요. 마을의 이력을 추적했습니다. 면사무소에 가서 세대별 기록을 찾고 마을의 지형과 이름을 살펴보았습니다. 여기는 왜 '암소머리'

마을인가. 저곳은 왜 '무내미재'인가? '구슬재'라는 곳도 있었습니다. 처음엔 빛나는 구슬인 줄 알았는데 구슬프다는 뜻이더군요. 말의 안장처럼 생겼다 해서 안장골로 불린 곳도 있었고, 오룡산은 다섯 마리 용이 아니라 한 마리의 양이 다섯 토막 난 거였습니다. 거기에 얽힌 이야기도 있었죠. 그런 것들을 하나하나 배워나가는데 너무 신기했습니다.

노트를 따로 마련해 하나씩 정리를 해갔습니다. 내 삶을 기록해나가는 느낌이랄까? 나의 역사를 탐사하는 것 같았어요. 제가 대학에서 첫 강연을 시작한 게 스물네 살 때입니다. 그때 목포대학교에서 했던 강연 제목이 '우리 마을의 작은 역사'였어요.

무작정 서울로 오다

중학교 진학이 좌절되면서 제 삶에도 많은 변화가 생겼습니다. 당시 마을에 여학생 열두 명에 남학생이 여섯 명이었어요. 여자는 가르치지 않아도 된다는 남존여비 사고가 남아 있던 때라 여학생들은 진학을 못한 경우가 더 많았지만, 남학생은 저만 빼놓고 모두 중학교에 갔어요. 그때 제 머릿속에 떠오른 단어가 '굴욕'이었습니다. 자고 일어났더니 대열에서 이탈해 있는 겁니다. 어린 마음에 상처가 깊었습니다. 야간학교라도 다니고 싶었어요. 하지만 허락되지 않았습니다. 마치 세상에 혼자 남은 느낌이었습니다. 친구들이 없었어요. 진학하지 못한 여학생들은 모두 서울로 가버렸습니다. 식모살이를 하든 공장에 취직을 하든

했습니다. 저는 시골에 남아 아버지와 농사일을 했어요. 아버지가 정말 미웠습니다. 학교 보내달라고 엄청 싸웠습니다.

하루는 친구 집에 책을 빌리러 갔어요. 그 친구네는 교육열이 높아서 이것저것 책도 많이 사주고 그랬습니다. 신기한 책들이 많았지요. 농한기에 할 일이 없을 때 거기 가서 책을 빌려 왔습니다. 대문을 열고 들어서는데 그 친구 아버지가 나 같은 친구는 사귀지 말라고 하는 소리가 들려요. 학교도 안 다니는 애를 뭐 하러 사귀느냐, 앞으로 어떻게 될지도 모르는 애랑은 놀지도 마라…. 그다음부터 그 어르신에겐 인사를 안 했습니다. (웃음) 물론 그 후로도 '굴욕'은 계속됩니다.

이번에도 아까 그 친구랑 관련된 건데, 자기 학교에서 단체로 영화를 본다며 나를 꼬드기지 뭡니까. 토요일 오후 2시, 목포 호남극장까지 갔어요. 매표소에서 한 사람씩 표를 끊는데 제 차례가 되자 매표원이 저한테는 표를 안 주는 겁니다. 다들 학생증을 내미는데 나만 그게 없다고 표를 안 끊어 주는 거예요. 어찌나 부끄럽고 창피하든지요. 매표원에게 바쁘니까 어서 비키라는 핀잔만 들었습니다. 그때 줄을 섰던 학생들이 나를 쳐다보는 눈빛을 지금도 잊을 수가 없습니다. 그날 독한 마음을 먹은 저는 집에 돌아와서 농약을 마셨습니다. 아무 생각 없었습니다. 그냥 죽자 싶었어요. 동네 아주머니가 절 발견했습니다. 농기구를 빌리러 왔다가 보니까 토방에 신발은 있는데 불러도 기척이 없는 거예요. 방문을 여니까 제가 쓰러져 있더랍니다. 리어카에 실려 목포 적십자병원으로 갔습니다. 다음날 눈을 뜨니 참담했습니다. 마을 사람들에게 저는 불효막심한 놈이 되어 있었던 겁니다. 더 이상 견딜 수가 없었습니다. 결국 그 일이 있고 나서 아흐레 만에 서울로 올라왔어요. 어머니가 머리에 이고 온 쌀을 역전 곡물점에 팔아 차비로 내주셨습니다. 호남선을 타고 종착역인 용산역에 내리니 주머니에 3470원이 남아 있었습니다. 저는 그 돈 10원짜리 한 장도 잊혀지지가 않아요. 각종 비리로 청문회에 불려나온 '회장님'들이 얼마를 받았는지, 혹은 얼마를 줬는지 기억나지 않는다고 하잖아요. 서로 도둑질한 돈이니 그럴 수도 있겠다 싶어요. 자신이 땀 흘려 벌었거나 정말 중요한 돈이었다면 기억이 안 날 수가 없단 말이죠. 아무튼, 제 서울 생활은 그렇게 시작되었습니다. 3470원과 함께.

그런데 당장 갈 데가 없잖아요. 용산역 주변을 돌면서 전봇대만 올려다봤습니다. 거기 뭐라도 붙어 있지 않을까 하고요. 그때 눈에 들어온 게 직원 모집공고였습니다. 적혀 있는 전화번호로 연락했습니다. 자동차 시트커버를 만들고 설치하는 공장이었습니다. 다행히 그날부터 그곳에서 일할 수 있었고, 직원은 저까지 해서 모두 세 명이었습니다.

일은 쉬운 편이 아니었습니다. 직접 버스 회사를 찾아가 시트커버를 설치해야 했으니까요. 보통 버스가 밤늦게 차고에 들어오잖아요. 통행금지가 임박한 11시 20분쯤 일을 시작했습니다. 밤새워 커버를 벗겨내고 새로 씌우는 작업을 합니다. 그러면서 별의별 것들을 다 봤어요. 지금도 그렇지만 뒷좌석일수록 낙서가 엄청나잖아요. 쌍욕부터 해서 죽고 싶다는 둥, 누가 누구랑 뭘 어쨌다는 둥, 그걸 보면서 혼자 킥킥 웃기도 했습니다. 아, 서울에도 이런 사람들이 있구나, 하면서 묘한 동질감이랄까 대리만족 같은 걸 느낀 것 같아요.

숙식은 공장에서 해결했습니다. 그런데 사장이 퇴근하면서 셔터를 내리면 그때부터 감옥인 거예요. 독 안에 갇힌 한 마리 쥐였죠. 다음날 아침 사장이 출근해 문을 열어줄 때까지 그 안에서 모든 걸 해결해야 합니다. 삼 개월 동안은 그렇게 먹여주고 재워주는 대신 월급이 없었습니다. 기술을 배우는 시간이라고 했어요. '밑통을 깐다'고도 하지요. 약속과 달리 삼 개월이 훨씬 지났는데도 월급을 안 주더군요. 결국 공장을 떠날 수밖에 없었습니다. 서울이 어떤 곳인지 알겠더군요. 비열하거나 비정하거나…. 제 눈에는 그렇게 비쳤습니다.

신문팔이 벤찌와의 인연

공장을 나온 후 무작정 남산으로 갔습니다. 남산 위에 저 소나무 철갑을 두른 듯, 애국가에 나오는 산이잖아요. 남산도서관 측백나무 울타리 옆에 신문지를 깔고 잠을 잤어요. 그런데 얼마 뒤 누가 발로 톡톡 건드려요. 눈을 떠 보니 방범대원이에요. 잡히면 끝장이다 싶어 손에 잡히는 대로 흙을 움켜쥐고 확 뿌렸습니다. 냅다 도망을 치는데 편한 길 놔두고 하필 산속으로 들어갔어요. (웃음) 나중에 정신을 차리고 보니 지금의 대우빌딩 근처더라고요. 몸은 여기저기 긁히고 찢겨서 엉망진창입니다. 그런 몰골을 보고 개들이 짖습니다. 그때부터 개를 싫어하게 됐죠. (웃음) 사람이 호불호가 생기는 데는 이유가 있습니다. 그래서 저는 사람 얘기는 끝까지 들어봐야 한다고 생각해요. 저 같은 사람이 개를 싫어한다고 하면 개 키우는 사람 입장에선 뭔가 싶겠죠. 하지만 사연을 들어보면 이해가 가지 않겠어요?

이야기가 조금 곁으로 흐르는 것 같지만, 저는 인터넷이라는 공간을 별로 안 좋아해요. 이런저런 맥락을 고려하지 않고 몇 가지 사실만으로 사람을 매도하는 일이 비일비재하잖아요. 댓글 달린 걸 보면 입이 딱 벌어질 지경입니다. 뭐라고 설명이라도 할라 치면 변명한다고 더 욕을 먹습니다. 나중에 사실이 아닌 것으로 밝혀져도 달라지는 건 없어요. 미안하다는 말 한마디 없습니다. 그냥 "아니면 말고." 식이에요. 그저 분풀이 대상을 찾기 위해 혈안이 되어 있는 것 같다는 느낌이 강하게 듭니다.

사람 일이라는 게 하나에서 열이 있잖아요. 그런데도 우리는 그중 한두 개만 보고 판단합니다. 그다음 페이지를 보려 하지 않아요. 사람들 마음에 미움이 가득 차 있다는 느낌을 받았습니다. 누군가 비난받으면 달려들기는 해도 저 사람 아플 텐데 가서 안아주자, 이런 사람은 없습니다. 멀쩡하던 사람도 인터넷 공간에서는 순식간에 지탄의 대상이 되기도 합니다. 저로선 이해할 수가 없어요. 사람 사는 세상이 그래도 되나 싶습니다. 그만큼 인간미가 황폐해졌다는 방증 아닐까요? 지금 생각하면 그 모든 게 경쟁에서 비롯된 게 아닌가 싶어요. 깊지 않은 샘은 금방 마르고 맙니다. 머잖아 우리는 이보다 더 심각한 갈증을 호소할지도 모릅니다.

제게는 딸이 한 명 있습니다. 제가 아이에게 늘 하는 말은, "경쟁하지 마라. 그게 너의 인생을 망칠 수도 있다"예요. 그동안 살아오면서 경쟁에서 살아남으려고 악을 쓰다가 결국은 불행해지는 사람을 여럿 봤습니다. 우리나라에서는 다들 '경제' 얘기만 합니다. 안에서든 밖에서든. 그런데 참 이상하죠. 그렇게 돈, 돈 하는데 우리는 왜 행복하지 않을까요? 자살률 세계 1위에다가 이혼율 세계 1위, 이런 것들이 말해주는 건 뭘까요? 우리가 못사는 나라는 아니잖습니까? 하지만 아무도 우리의 이런 현실을 책임지지 않아요. 정치인들은 여전히 우리들의 욕망을 부추기는 데 한몫합니다. 대통령은 국민들 잘살게 해준다고 해놓고선 당선되면 딴소리예요. 자기 업적 쌓는 데만 관심이 있을 뿐이죠. 정작 우리가 무엇 때문에 괴롭고 힘들어하는지 알지 못합니다.

힘들고 지친 우리의 삶은 누가 달래주고 안아주나요? 뒤처진 사람도 함께 가야 하고, 울고 있는 사람도 안고 가야 하는데, 지금 같아선 누가 이걸 하겠어요. 우리가 마치 동물의 세계에 살고 있는 것처럼 우리의 삶은 계속 잔인해지고 있어요. 예전에는 못살았지만 이렇게까지 인정이 메마르진 않았어요.

우리나라 사람들은 예전보다 잘살게 되었고 학력도 높아졌습니다. 그러면 삶도 좋아져야 하는데 그렇지가 않아요. 지금 대학 진학률이 무척 높은 걸로 아는데요, 다들 취업 때문에 난리들입니다. 청년들이 갈 곳이 없어요.

아까 제가 남산도서관에서 방범대원을 피해 도망쳐 나왔다고 말씀드렸죠? 대우빌딩 근처에서 서울역으로 갔습니다. 새벽 4시가 조금 안 된 시간이었어요. 창문 밖에서 대합실 안을 들여다보니 노숙자들이 잠을 자고 있어요. 다행히 여섯 번째 문이 열려 있어 저도 그 안으로 들어갔습니다. 좋은 자리는 이미 다른 노숙자들이 차지한 터라 저는 구석에 쪼그리고 누웠습니다. 아침 5시 20분쯤 되었을까요, 승무원이 호루라기를 불며 나타났습니다. 순간 대합실이 환해져요. 첫차가 출발할 시간이 다가온 겁니다. 그러자 노숙자들이 승무원을 향해서 욕을 뱉기 시작해요. "어떤 놈이 잠자는데 방해해. 불 꺼!" 이러면서 말이죠. 그때 저는 또 한 번 서울을 배웁니다. '아, 여기서는 노숙자들이 승무원들에게 욕을 퍼붓는구나.' (웃음) 거기까지 지켜본 저는 대합실을 나와 서울역 주변을 배회합니다.

한 신문팔이 소년이 눈에 들어왔습니다. 나이가 저랑 비슷해 보여 그 친구를 계속 따라다녔습니다. 화장실 가면 밖에서 기다리고, 또 어디를 가면 뒤를 밟았죠. 그랬더니 그 친구가 "너, 아까부터 나 따라왔지." 합니다. 눈치 빠른 그 친구가 갈 곳 없는 제 신세를 알아챘는지 함께 국수를 먹으러 가자고 합니다. 자기를 '벤찌'라고 부르라면서 이 이야기도 들려줬지요. 서울역에서 잠자다간 큰일 난다는. 서울역 대합실에서 잠을 잘 정도면 서열이 매우 높다나요. 하루치의 신문을 다 판 그 친구가 칠성여인숙이라는 곳으로 저를 데려갔습니다. 방에 들어가니까 두 사람이 누워 있어요. 남영동에서 구두닦이를 한다는 사람이 저를 힐끗 보더니 "쟤는 왜 달고 왔어." 하며 인상을 씁니다. 그날 밤 그 방에서 네 명이 칼잠을 잤습니다. 이 이야기는 제가 쓴 소설에도 잠깐 나옵니다. 그때 만난 세 사람은 모두 고아였습니다.

구두를 닦으며 세상을 배우다

여인숙에서 지내면서 신문을 팔았는데 그때 나이가 열다섯이었어요. 비록 집을 나오긴 했지만 공부를 하고 싶었던 저는 팔다 남은 신문을 가져와 읽었습니다. 당시는 한글과 한자를 같이 썼어요. 한문 3에 한글이 7쯤 되었죠. 청계천 헌책방에서 옥편을 구해 열심히 쓰고 열심히 읽었습니다. 그 덕에 중국과 일본을 별 어려움 없이 여행할 수 있었고요. 그렇게 저는 신문으로 독학을 했어요. 재미도 있었습니다. 종합선물 세트처럼 신문에는 세상사가 다 들어 있었으니까요. 정치, 경제, 사회, 문화가 한눈에 보였습니다. 그중에서도 저는 문학 면에 자꾸 눈이 갔어요. 이육사, 윤동주도 신문을 통해 처음 알았어요. 그런 어느 날이었습니다. 같은 방을 쓰는 형이 저더러 공부가 하고 싶으냐고 물어요. 공부보다는 깡패가 되고 싶다고 하자 형이 손을 한번 펴보래요. 제 손을 한참 보더니 "주먹잡이는 아무나 되는 게 아니야. 넌 안 돼." 그럽니다. 얼마 뒤 그 형이랑 직업을 바꿨습니다. 제가 구두닦이를 하고 그 형이 서울역에서 신문을 팔았죠.

구두닦이에는 '닦새'와 '찍새', 두 종류가 있습니다. '닦새'는 실제로 구두를 닦는 사람이고 '찍새'는 당구장, 다방, 사무실을 돌면서 구두를 찍어[구해]오는 사람이에요. '찍새'였던 저는 하루 평균 60켤레 이상을 물어왔습니다. 안 가본 데가 없었죠. 열여섯 살 때부터 청소년 출입금지 구역을 드나들었으니까요. 다방이고 뭐고 다 들어갔습니다. 그렇게 반년쯤 지났을까, 닦새 형이 저랑 갈 곳이 있다고 해요. 해가 막 저물 즈음 닭새 형이 저를 끌고 간 곳은 서울역 건너편에 있는 검정고시 학원이었어요. 닭새 형이 "너는 공부해, 인마." 하는데 안에서 뭔가 울컥했습니다. 제가 깡패 안 되면 공부하겠다고 했거든요.

아버지에게 뭔가 보여주고 싶었어요. 공부를 시키지 않은 아버지한테 결코 지지 않겠다는 반항심도 있었고요. 낮에는 일하고 밤에 공부를 했습니다. 그러다 사건이 하나 터져요.

다방에 가서 구두를 찍어오는데 어떤 남자가 자꾸 귀찮게 하지 말라고 해요. 저도 먹고살아야 하니까 계속 사정을 했죠. 그런데 그 남자가 발길질을 하는 겁니다. 순간 저도 모르게 입에서 욕이 나왔어요. 시비가 붙었습니다. 한데 알고 보니 이 사람이 형사인 거예요. 그것도 무시무시한 남영동 대공분실 소속이었습니다. 군사독재 시절이라 거기 한 번 끌려갔다간 쥐도 새도 모르게 죽는다고들 했어요. 그만큼 막강한 힘을 가진 곳이었죠. 그런 사람의 심기를 건드렸으니 그야말로 큰일이 난 거예요. 이 사실을 알게 된 닭새 형이 자기가 수습을 하겠다면서 나섰습니다. 그 후 저는 신설동에 있는 신문 보급소로 보내졌고요.

당시 신문 보급소에는 부모 없는 아이들이 많았습니다. 거의 절반이 그랬어요. 신문 보급소로 자리를 옮긴 저는 서울이라는 공간과 우리 사회, 정치에 눈을 뜹니다. 모두 신문을 통해서였지요. 그래서인지 지금도 뭐든 읽습니다. 교과서도 소설 읽듯이 읽어요. 이해가 될 때까지 두 번이고 세 번이고 계속해 읽습니다. 검정고시 공부도 그렇게 했고요. 다행인 게, 학교에 다녔으면 순위가 매겨지잖아요. 1등부터 꼴찌까지 순위가 나오는데 검정고시는 그런 게 없어요. 커트라인만 있습니다. 과목 전체를 평균 내서 60점만 넘기면 돼요. 예컨대 수학을 40점 맞았다고 해도 국어에서 80점이 나오면 통과하는 거예요. 저는 이게 좋더라고요. 뭘 하나 못해도 다른 과목이 보완해줄 수 있으니까. 사람이 모든 걸 다 잘할 수는 없잖아요. 저는 전 과목 100점 맞는 친구들을 이해 못 하겠더라고요. 사람이 아니다, 저건 기계다 싶었지요. (웃음)

사람은 누구나 부족한 게 있어요. 그래서 장단점이 있다고 하잖아요. 완벽하다는 것은 비인간적인 거라고 생각해요. 그런 사람을 대하면 마치 바위나 절벽 같아요. 사람이 실수를 해야 웃기도 하고 돌아보기도 하는데, 완벽을 추구하는 사람들은 그만큼 인간미가 없잖아요. 다 채워진 물통보다 아직 덜 채워진 물통, 사랑은 거기에서 비롯되는 게 아닐까요?

신문 보급소에서 독학으로 검정고시를 준비하는데 수학이 무척 어려웠어요. 이걸 보충하려고 단과학원에 다녔습니다. 신문 배달원 중에는 저처럼 검정고시를 준비하는 친구들이 많았어요. 그런데 이 친구들이 학원에서 학생인 척 굴었어요. 남들과 비교당하기 싫으니까 무슨 무슨 학교에 다닌다고 거짓말을 하고는 여학생들과 미팅을 하는 겁니다. 그런 모습을 지켜보면서 다짐한 게 있습니다. '살면서 거짓말은 하지 말자'입니다.

대학에서 강연할 때 초등학교 3학년인 딸을 데려간 적이 있습니다. 제가 강의 도중에 제 학력 얘기를 하는데 딸의 표정이 안 좋아요. 강의를 마치고 집으로 돌아오는 버스에서 딸이 "아빠, 그런 얘기 하지 마." 하는 거예요. 아빠가 못 배웠다는 사실을 많은 사람들 앞에서 얘기하는 게 창피했던 모양입니다. 그래서 제가 말했죠. 아빠는 책을 쓰든 강연을 하든 내가 살아온 만큼만 말하려고 한다, 아빠가 살아온 삶은 떳떳하다, 그러니 거리낄 게 없다고요. 저는 어렸을 때부터 그렇게 살고 싶었어요. 내가 살아온 삶인데 어쩌겠어요. 이게 바로 나입니다. 부끄러울 일이 아니라고 봐요. 완벽한 나를 원하지도 않고요. 결국 나는 어른이면서 학생일 뿐이라고 생각해요. 앞으로도 배워야 할 게 많고 모르는 게 너무 많거든요.

연애를 할 때도 저는 이 신조대로 했습니다. 정말 마음에 들고 결혼도 하고 싶은 여자 앞에서 제가 살아온 얘기를 쭉 했습니다. 학교를 못 갔고, 조금 거친 직업들을 전전했고, 지금 어떻게 살고 있고…. 상대는 당황스럽겠지요. 보통은 자기 자랑부터 하잖아요. 하지만 저는 그게 거짓말보다 낫다고 생각했습니다. 저는 그렇게 살았고, 그렇게 살고 싶어 했어요.

제가 생각하는 공부는 조금 다릅니다. 여러분 생각에 '공부' 하면 교과서를 달달 외우는 것이잖아요. 그러나 그건 공부의 일부일 뿐이에요. 교과서는 나라에서 정해준 거예요. 의무교육에 필요한 교재입니다. 진짜 공부는 우리가 발 딛고 사는 세상, 사람을 만나고 그 사람들과 관계를 이어가는 겁니다. 그걸 알아가는 게 참된 공부이고요. 그래서 저는 공부가 어렵고 끝이 없다고 봐요. 평생 학생일 수밖에 없고요.

나의 문학, 나의 20대

저는 20대까지 매우 거친 들에서 살았습니다. 마지막 직장은 탄광이었어요. 1년 반을 광부로 일했습니다. 세상 사람들이 '막장'이라고 말하는 그곳이 궁금하기도 했어요. 20대를 그렇게 닥치는 대로 세상과 부딪히며 보냈어요. 혈기왕성할 때이기도 하고 워낙 어려서부터 험한 일을 많이 당해봐서 세상이 겁나지 않았습니다. 뭘 하든 죽지만 말자고 이를 악물었습니다.

저는 기차를 타도 굳이 서서 갔어요. 누구보다 먼저 일어서서 자리를 양보했습니다. 젊은 나이에 자리싸움을 하고 싶지 않았어요. 어떻게든 자리에 앉아보려 이 눈치 저 눈치 보는 것도 버거운 일이었고요. 사소한 일에 신경 쓰고 싶지 않았습니다. 뭘 하나 하더라도 제대로, 크게 한번 해보고 싶었죠. 마음속에 늘 그런 욕망이 있었습니다. 한 번 사는 인생인데 망설일 이유가 없었던 겁니다.

듣던 대로 광산촌은 정말 별의별 사람들이 다 모였더군요. 사업하다 망해서 빚쟁이들에게 쫓기는 사람부터 시작해서 사고 치고 도망친 사람…, 고향도 사연도 제각각입니다. 왜 '인생 막장'이라고 하는지 알 것 같았습니다.

강원도 사북에서 시작된 탄광 일은 무척 고됐습니다. 갱도 자체가 비좁아서 제대로 서 있지도 못해요. 제가 키가 좀 큰 편이라 불리했습니다. 그래도 열심히 일했죠. 그 안에서 다양한 인간군상을 보며 많은 공부를 했습니다.

다시 저의 10대로 돌아가면, 고입·대입 검정고시를 통과한 저는 육군사관학교를 준비했습니다. 그런데 떨어졌어요. 공무원 시험을 준비했습니다. 요즘은 경쟁률이 엄청나다고 하는데 당시만 해도 그렇게 인기 있는 직업은 아니었어요. 산림청에 들어가고 싶었습니다. 도시가 아닌 자연 속에서 일할 수 있다고 생각했거든요. 서울 생활을 마치고 고향으로 내려간 저는 목포시립도서관에서 시험 준비를 했습니다. 그러다 접었습니다. 하려던 공무원 시험 준비는 안 하고 책만 읽었어요. 어찌나 열심히 읽어댔는지 목포시립도서관 설립 이래 가장 많은 책을 빌려 간 사람이 됐습니다. (웃음) 하루종일 앉아서 세계문학전집을 읽었습니다. 톨스토이, 셰익스피어, 레마르크, 에밀 졸라, 이런 작가들 작품을 읽으면서 뿌듯함을 느꼈습니다. 무언가 마음속 허기가 채워지는 것 같았습니다.

이 시절 또 다른 신세계를 알게 되었는데, 바로 클래식이었습니다. 도서관에 고전음악실이 있었어요. 베토벤, 차이콥스키, 모차르트, 이런 음악이 흘러나옵니다. 가사도 없는데 뭔가 마음이 뭉클해지는 거예요. 음악실에 앉아서 빌린 책들을 읽는데 너무 행복했습니다. 차이콥스키의 비창을 들으면서 레마르크의 『개선문』을 읽으면 뭔가 아귀가 딱 맞아요. 그러면서 새로운 감성을 키워갈 수 있었습니다. 이때부터 일기를 쓰기 시작해요.

저는 기록하는 걸 좋아합니다. 말과 생각은 곧 사라지지만 글은 그렇지 않거든요. 글은 이성적입니다. 혼돈의 감정을 정리해주지요. 그래서 저는 늘 메모를 합니다. 제가 20대에 긁적인 것이 대학 노트로 16

권 정도 돼요. 지금도 그걸 가지고 있는데 가끔 제 딸이 훔쳐봐요. 제 딸이 실용음악을 전공하는데 작사할 때 도움이 된다나 뭐라나 그럽니다. 딸에게도 메모의 중요성을 늘 말하죠. 지금 내 머릿속을 스쳐 가는 어떤 생각, 마음에서 이는 어떤 느낌, 이런 것들을 종이에 적다 보면 한 편의 멋진 가사가 나올 수 있으니까요.

이성과 감성은 우리 삶을 움직이는 두 개의 동력입니다. 이 두 가지는 서로 다르지만 떼어놓고 생각할 수도 없어요. 한데 어우러져 인간을 형성합니다.

사람이 한쪽 발로 걸을 수 있나요? 마찬가지로 이성이나 감성 중 어느 하나가 결여된 채 살아갈 수 있을까요? 불가능합니다. 이성을 강조하는 사람도 사랑 없는 삶을 상상하기는 어려울 거예요. 인간에게 감성은 축복입니다. 누군가 울고 있을 때 그 사람의 눈물을 닦아줄 수 있는 이유는 우리에게 감성이 있기 때문이에요. 저는 문학을 통해 이성과 감성이라는 두 중요한 요소를 배웠습니다. 문학은 보이지 않는 길을 갈 수 있게 해주고 마음을 정화해줍니다. 도서관에 앉아 밤낮으로 책을 읽으면서 저는 문학이야말로 제가 가야 할 길이라고 생각했어요.

사람들은 말하지요. 글쟁이는 배고프다고, 문학이 밥 먹여주느냐고요. 특히 돈이 지배하고 있는 요즘 세상에는 더욱 그렇습니다. 하지만 남들과 다른 길을 간다고 해서 불행한 건 아니에요. 아까도 말씀드렸듯이 사람이 밥만 먹고 사는 건 아니잖아요.

여행을 다니다 보면 한국 사람들은 유독 눈에 뜨입니다. 하나같이 같은 옷을 입고 있어요. 여행을 다녀온 사진을 봐도 포즈가 천편일률

적입니다. 뭔가 남들과 다르면 안 된다는 생각을 하는 것 같아요. 비싼 돈 들여 떠난 여행에서 다들 똑같은 것만 보고 돌아옵니다. 소위 유명한 곳은 하나도 빼놓지 않고 들르려고 해요. 한곳에 오래 머무르지도 않습니다. 느끼고 향유하기보다는 숙제하듯이 여행을 해요. 참 안타까웠습니다.

저는 책을 통해 고흐, 톨스토이, 마르케스, 이런 사람들의 삶을 접하면서 여행에 흥미를 느꼈습니다. 이들도 20대에 여행을 많이 다녔더라고요. 저도 평생을 품고 살 여행, 내게 힘이 되고 에너지가 되는 그런 여행을 해보고 싶었습니다. 다녀보니까 참된 여행은 그래야 한다고 생각해요. 내 삶을 깊고 넓게 해주는 색다른 경험이어야 하죠. 여행의 중심은 곧 '나'여야 합니다. 내가 느끼고 내가 생각해야 해요.

제가 문단에 굉장히 빨리 나왔어요. 스물네 살 때 등단을 했으니까요. 문학 공부도 검정고시처럼 혼자서 했습니다. 제게는 스승이 따로 없어요. 굳이 말하자면 그동안 만난 사람들 모두가 스승이었습니다.

요즘 힐링이니 멘토니 하는 말들이 유행입니다. 힘겹게 살아가는 사람들에게 위안이 필요하다는 사실을 인정하면서도 조금은 마음이 답답합니다. 누가 해주길 바라는 마음들 때문이에요. 답은 내 안에 있습니다. 그걸 찾아내야 할 사람도 바로 자기 자신이고요. 자신을 보다 정직하게 들여다보는 시간이 필요한 것 같아요.

만주에서 만난 위인들

저는 주로 혼자 여행을 갑니다. 배낭 하나 짊어지고 멀리 만주로 가죠. 만주에서 만난 조선족들이 놀랍니다. 혼자서 그렇게 한 달씩 돌아다니고 하니까요. 저는 여행을 할 때 지금 보는 것들이 마지막일지 모른다는 마음을 품고 다닙니다. 그러면 오히려 마음이 편안해져요. 내가 언제 죽을지는 아무도 모릅니다. 몇 살 때까지 산다고 알려줄 수 있는 사람도 없을뿐더러 죽음에 관한 한 아무것도 정해진 게 없습니다. 내가 할 수 있는 건 현재에 충실하는 거예요. 그런 생각이 아니었으면 세상 곳곳을 누비고 다니지 못했을 겁니다.

저는 시로 등단했습니다만, 논픽션 작가이기도 합니다. 르포르타주라고 하는 보고 문학을 해요. 직접 발로 뛰면서 현장을 기록합니다. 아시다시피 한국 문단은 90퍼센트 이상이 대학을 나왔습니다. 그런 데서 초등학교밖에 나오지 않은 제가 작가로 산다는 건 거의 기적 같은 일이죠. 일찌감치 르포 쪽으로 자리를 잡은 이유도 큽니다. 우리나라에서는 아직 르포를 쓰는 작가들이 별로 없거든요. 일본만 해도 1000여 명의 르포 작가들이 활동해요. 픽션이 상상력을 동원해 현실을 보여준다면 르포는 현실을 있는 그대로 보여줍니다. 기록을 중요시하는 제가 르포에 매력을 느끼는 이유예요.

르포 작가가 되면서 저는 독립운동에 관심을 갖게 되었습니다. 그전에는 제 삶에 존경하는 분이 어머니뿐이었습니다. 그랬던 제가 한꺼번에 수많은 위인들을 만나게 돼요. 바로 독립운동가들입니다. 특히 만주에 독립군 양성학교인 신흥무관학교를 지었던 우당 이회영 선생의 삶은 큰 충격을 줬습니다. 일제가 나라를 빼앗자 조선 최고의 가문이었던 이회영 일가는 재산을 모두 팔아 만주로 이주했습니다. 지금 돈으로 치면 600억 원에 이르는 어마어마한 재산을 독립운동에 바치지요. 편하게 잘살 수 있는 사람이 오로지 독립을 위해 엄청난 희생을 치른 겁니다. 신흥무관학교 출신 중에는 우리가 알고 있는 독립군 장군이 많아요. 김원봉, 김산, 지청천, 이범석 외에도 무수히 많은 사람들이 독립을 위해 몸과 마음을 바쳤지요. 이와 같은 사실을 알게 되면서 존경심을 품게 되었습니다. 친일파 청산이 제대로 이뤄지지 않은 나라에서, 오히려 친일파들이 떵떵거리고 사는 걸 보면서 독립운동가들이 더욱 우러러보이기까지 하더군요.

만주는 2004년 겨울부터 가기 시작했어요. 독립운동가들의 삶을 추적하면서 기록하고 책으로도 냈습니다. 우리나라에 만주 독립운동에 대한 학술 서적은 있어도 실제 그들의 삶을 대중들에게 알릴만한 책은 별로 없었습니다.

매해 5월에는 광주를 찾습니다. 마음의 빚 때문이에요. 민주주의를 위해 죽어간 사람들에게 빚을 지고 있으니까요. 저는 이 '마음의 빚'을 부담스러워하지 않습니다. 오히려 마음의 빚이 많을수록 좋다고 생각해요. 자기를 채찍질하는 동력이 되고 길을 보여줍니다. 내가 죽어야 갚아지는 역사의 빚. 저는 삶에서 이보다 훌륭한 스승이 없다고 생각해요.

작가는 자기 삶에서 존재의 길을 찾아가는 사람이에요. 저는 주위 사람들에게 제가 펜을 놓지 않는 이상. 끊임없이 새로운 것을 찾아 나설 거라고 말합니다. 좀 더 넓은 세상으로 나아가고 싶다는 소망도 있어요. 국제적 분쟁 지역을 찾아다니는 르포 작가, 세계를 누비면서 글을 쓰는 작가들이 부러웠습니다. 그동안 내가 태어난 마을, 내 나라만 생각했는데 거기서 벗어나 넓은 세상을 공부하고 싶어요. 물론 꿈을 향해 나아가려면 자신을 불편하게 해야 합니다. 안락함은 현실에 안주하게 해요. 제가 일찌감치 세상을 겪으면서 얻은 깨달음입니다.

대학에 가지 않은 사람들

우리 사회에는 대학 대신 일을 택한 사람들이 있습니다. 이유야 많겠지요. 가정환경 탓일 수도 있고, 자신의 의지 때문일 수도 있고. 얼마 전 책으로도 냈습니다만, 저는 이분들을 만나면서 많은 걸 배웠습니다.

헤어디자이너, 기수, 말 관리사, 공장에 다니는 친구들, 간호조무사 등 직업도 다양했습니다. 처음엔 궁금했습니다. 요즘엔 웬만해선 다들 대학에 가는데 저 친구들은 왜 그러지 않았을까? 이유를 물었지요. 그중 제일 인상적인 친구가 말을 타는 기수였습니다. 자기 일에 자부심이 무척 강한 스물네 살의 여자 분이었는데, 기수가 된 계기를 이렇게 말했습니다.

중학교 2학년 때 친척 결혼식에 참석하러 식구들과 서울에 올라왔답니다. 결혼식이 끝나면 서울대공원에 가기로 했는데 여의치가 않아 대신 경마장에 갔답니다. 그때 이분이 처음 말을 본 거예요. 승마장 문이 열리는 것과 동시에 두두둑 하면서 땅을 박차고 달리는 말을 보는 순간 그야말로 딱 꽂힌 겁니다. 그때 자기 삶이 결정되었다고 해요.

기수가 되기로 결심하고 경마학교에 갔는데 전부 남학생이었답니다. 당황스러웠겠죠. 한창 감수성이 예민할 시기잖아요. 게다가 일이 너무 힘들었대요. 말에서 떨어지기 부지기수고요. 그 힘든 과정을 거쳐 결국 우리나라에서 보기 드문 여자 기수가 된 거예요. 부모가 시킨 것도 아니고, 온전히 자신의 선택으로 자신의 길을 가고 있었습니다.

우리 사회는 남들과 다른 선택을 하기가 굉장히 어렵습니다. 우선 사람을 불안하게 해요. 그래서 모두가 똑같은 삶을 추구합니다. 여러분 동네에 아파트 있죠? 아파트가 그런 것 같아요. 비슷한 구조에 비슷한 평수, 별로 새로울 게 없잖아요. 서로를 외면한 듯 벽을 쌓은 채 이웃이 없거나 이웃을 잃어버렸거나.

아파트나 다름없는 사회적 구조에서 대학을 가지 않는다는 건 참으로 어려운 일이에요. 실제로 고생들을 많이 합니다. 그렇지만 제가 만나본 많은 분들이 그럼에도 불구하고 자신의 삶에 보람을 느끼면서 당당하게 살아가고 있다는 거예요.

그래요, 중요한 것은 자기만의 길을 가는 것입니다. 흔들림 없이 자기가 옳다고 믿는 것을 향해 한 걸음 한 걸음 나아가세요. 진짜 아름다운 삶은 온전히 자기 삶의 주인공이 되는 것 아닐까요? 그 길을 당당히 걸어갈 수 있도록 응원할게요. 감사합니다.

청소년 집을 나와서 혼자 검정고시 준비도 하고 나중에는 문인이 되었는데요. 아버지의 반응은 어땠나요?

박영희 저는 아버지와 앙숙처럼 지냈어요. 아버지는 글 쓰는 저를 굉장히 싫어했습니다. 책만 보면 찢어버릴 정도였어요. 서울 가서 기술이나 배워오지 뭣 하러 글 나부랭이나 쓰냐고 하셨습니다. 아버지 슬하에 자식이 일곱인데 유독 저만 그랬으니 속도 많이 상하셨겠죠. 다행히 제겐 세상에서 제일 존경하는 어머니가 계셨습니다. 사실 어머니가 뭘 특별히 해주신 건 없어요. 그래도 저를 걱정해주시고 위해주시는 마음 자체가 너무 감사했습니다. 시골 내려갈 때면 늘 말씀하세요. 옷 정갈하게 입어라, 정직하게 살아라, 아픈 사람 보면 그냥 지나치지 마라…. 시골 어르신들이 늘 하는 말인데도 하나씩 하나씩 마음에 다가옵니다. 어머니는 눈물과 품을 가지고 있었어요. 자식이 아파하면 아버지는 화를 내시는데 어머니는 안아서 다독여주셨지요.

아버지도 나중에는 저를 인정하시는 눈치였습니다. 책을 내고 강연도 다니고 가끔 신문이나 텔레비전에도 얼굴이 나오니까 달리 보이신 거죠. 집안 대소사에 참석했을 때 제가 어려운 한문이라도 척척 읽으면 문중 어르신들이 감탄하시기도 했고요. 그러면서 아버지와도 소통이 되기 시작했습니다. 책이 나오면 시골에 계신 어머니, 아버지께 맨 먼저 보내드렸죠. 시골 내려가서 보면 책에 성냥개비가 꽂혀 있는 게 보여요. 지난번엔 40쪽에 있던 게 다음엔 90쪽에 끼워져 있어요. 성냥개비는 아버지의 책갈피였습니다. 아버지가 돌아가실 때 저한테 서운

해하셨어요. “왜 느그 엄마 시는 많은데 내 시는 하나도 없냐?” 이러시면서…. 그래서 지금은 아버지 이야기를 써요.

좋은 글을 쓰는 법

청소년 저도 글을 쓰는 사람이 되고 싶습니다. 어떻게 공부하면 될까요?

박영희 사람을 많이, 그리고 깊이 있게 잘 알아야 합니다. 인간의 다양성이야말로 문학의 출발점입니다. 어떤 사람들은 극적이고 재미있는 이야기를 찾지요. 평범하고 흔한 이야기에는 관심이 없습니다. 하지만 문학 하는 사람들은 달라야 해요. 거기에 빠진 것들, 채 말하여지지 않은 것들을 들여다볼 수 있어야 합니다.

인생은 그 자체로 이야기입니다. 학자라면 인간을 ‘연구’하겠지만 문학 하는 사람은 그의 인생 이야기에 귀 기울여야 해요. 사람들을 많이 만나세요. 저는 스무 살 때 사람들이 모이는 곳을 즐겨 찾았습니다. 역, 재래시장, 특히 부둣가 선술집…. 그곳에서 많은 사람들을 만났죠.

또 하나는 세상을 향해 열린 감각입니다. 문학 하는 사람은 세상을 온전히 느낄 수 있어야 해요. 비가 오면 사람들은 집으로 돌아가지만 저는 반대로 밖으로 나갑니다. 우산을 쓰고 숲길을 걷죠. 빗방울이 나뭇잎에 떨어지면서 나는 “두두둑” 소리가 들립니다. 우산 때문에 방해가 되면 아예 접어버리죠. 그러면 온몸이 젖습니다. 갑자기 눈물이 나죠. 큰소리로 엉엉 웁니다. 마음에 쌓였던 설움이 그렇게 제 몸 밖으로 분출되어 나와요. 그렇듯 세상을 느끼다 보면 어느 순간 나를 들여다보고 있는 자신을 발견하게 됩니다. 우산을 쓰면 안 들려요. 내가 젖어야 합니다. 내가 보고 듣고 느꼈을 때 온전한 나의 글이 나올 수 있어요.

태풍이 온다고 뉴스에서 그러죠. 그러면 저는 해운대로 갑니다. 동백섬에 가서 집채만 한 파도가 덮치는 걸 직접 눈으로 봐요. 그동안 글로만 봤던 것을 확인하는 거죠. 실감이 납니다. 세상을 삼켜버릴 것처럼 사납고 무서워요. 그때의 느낌을 기록해놓으면 나중에 글을 쓸 때 훨씬 더 사실적으로 묘사할 수 있겠죠.

부둣가 선술집은요, 일반 술집들하고 달라요. 직장인들이 나누는 대화하고는 질이 다릅니다. 배를 타고 먼바다로 나갔다가 보름, 한 달 만에 육지를 밟은 사람들이에요. 저는 20대 때부터 이 선술집을 들락거렸습니다. 처음에는 힘들었어요. 주인장이 나가라고 했습니다. 어린 녀석이 혼자 와서 술을 마시는 폼이 마뜩잖았겠지요. 그래도 버텼습니다. 나중엔 단골로 생각하더라고요. (웃음)

글을 쓰려고 하는 분들은 새로운 경험을 마다하지 말아야 해요. 익숙하지 않은 길은 낯설고 두렵기 마련입니다. 새로운 길, 한 번도 가보지 않은 길에 내가 있는 거예요. 정해진 방향도 없습니다. 두려워 말고, 생각하세요. 그러면 지도가 그려집니다. 글은 그렇게 탄생해요.

글은 정직합니다. 글을 쓰는 손은 거짓말을 못 해요. 많이 느끼고 경험하십시오. 두려움 없이 가는 새로운 길은 없습니다.

6강

사랑은 행복의 절대 조건

– 노을이(청소년 심리 상담사)

사랑은 식물을 가꾸는 것과 비슷해요.
계속 물을 주고 햇볕을 쬐어주면서 관리해야 합니다.
그러면 시간이 갈수록 사랑은 더욱 깊어지고
관계가 튼튼해집니다. 사랑도 노력하고 가꿀 수 있습니다.
두려워 말고 사랑을 하세요.

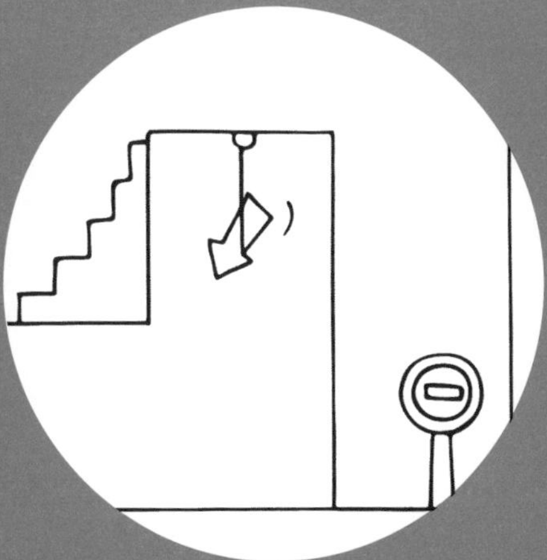

노을이

전문 심리 상담사로 활동하고 있으며, 강의 및 심리 상담으로 청소년들과 만나고 있다. 행복한 연애와 이성 문제, 건강한 성 가치관과 자아상 확립에 관심이 많다. 쓴 책으로 『10대와 통하는 성과 사랑』, 『이야기를 들어주는 심리학』이 있고, 함께 옮긴 책으로 『내 아이가 불안해할 때』가 있다.

사랑은 행복의 절대 조건

반갑습니다. 제 직업은 심리 상담사입니다. 상담사는 직업 특성상 사람들을 많이 만납니다. 살다 보면 겪게 되는 힘들고 어려운 시간을 잘 통과하도록 곁에서 도와주는 일을 하지요.

오늘 여러분과 함께 성과 사랑에 관한 이야기를 나누며, 성과 사랑이 우리 삶에 미치는 영향에 대해서 알아볼 거예요. 여러분 나이는 한창 성性에 관심이 많을 때죠. 그래도 드러내놓고 얘기하기는 쑥스러운 주제입니다. 부모님께 물어봐도 시원하게 대답을 안 해줍니다. "쓸데없는 생각 말고 공부나 해." "나중에 대학교 가면 다 알게 된다." 하는 식으로 이야기를 피하기 일쑤죠. 그러다 보니 친구에게 듣거나 인터넷 같은 데를 찾아다니면서 잘못된 정보로 궁금증을 풀기도 합니다. 그래서 제가 오늘 이 자리에 있는지도 모릅니다. (웃음) 성에 대해 제가 아는 한도 내에서 충분히 이야기해드릴 생각이에요. 궁금한 게 있으면 언제든 질문하시기 바랍니다.

청소년기와 성性

강의에 앞서 먼저 세 가지를 약속하겠습니다.

첫 번째, 저는 오늘 강의를 하면서 판단은 여러분이 할 수 있도록 돕겠습니다. 그래서 이게 맞다, 저게 틀렸다, 혹은 이렇게 해라, 저렇게 해라는 식으로 단정 지어 말씀드리지 않을 거예요.

두 번째, 여러분을 성과 사랑을 알아야 할 성숙한 개인으로 대하겠습니다. 보통 어른들처럼 "벌써 그런 걸 알 필요는 없다"거나, "나중에 자연히 알게 될 거야"라는 식으로 대답을 회피하지 않을게요.

세 번째로 아까도 말씀드렸듯이 제가 아는 지식과 전문성에 근거해서 최대한 정확하고 객관적인 정보를 드리겠습니다. 성에 대한 왜곡된 정보들이 넘쳐나는 오늘날, 이건 매우 중요한 약속이라고 생각해요. 그럼 이야기를 시작해볼까요.

우리나라 청소년들은 불행합니다. OECD 가입국 중 행복도가 가장 낮아요. 청소년 성폭력 발생률은 1위입니다. 하루 평균 17명의 청소년이 피해를 봅니다. 학교 폭력 노출 빈도, 자살률도 매우 높습니다. 우리나라에서 청소년이 별 탈 없이 성장한다는 게 신기하고 놀라울 정도로 열악한 상황이에요. 저 역시 기성세대의 한 사람으로서 책임을 느낍니다.

문제가 없는 사회는 없습니다. 중요한 건 그걸 어떻게 해결해나가느냐 하는 것이겠지요. 여러분은 어떻게 생각하세요? 우리 사회에서 가장 큰 문제가 무엇이라고 생각합니까? (청소년: "돈 문제요.") 맞아요. 요즘엔 경제적인 문제가 가장 크지요. 먹고살기가 어려우면 아무것도 할 수 없습니다. 또 다른 문제는 뭐가 있을까요? 왜 사람들이 힘들어하는 것 같아요? (청소년: "서로에 대한 무관심이요.")

그렇습니다. 사회가 각박해졌다고들 하죠. 예전보다 사람 사이가 멀어졌습니다. 이웃과 사이좋게 지내던 시절은 이제 먼 옛날 일이 되어 버렸어요. 직장인들의 가장 큰 고민이 무언지 아세요? 잦은 야근이나 회식? 아닙니다. 바로 '대인관계'예요. 일은 힘들어도 참을 수 있지만, 직장 상사나 동료, 부하 직원과의 갈등에서 오는 스트레스가 이만저만이 아니라고 해요.

우리 청소년은 어떨까요? 무엇이 가장 큰 고민거리일까요? (청소년: "성적, 왕따, 외모…") 그렇습니다. 성적, 큰 고민이죠. 이것 때문에 잠도 못 자고 공부를 합니다. 그런데 실제로 조사를 해보면 청소년들의 고민 1위도 '대인관계'예요. 어때요, 놀랍지 않습니까, 세대와 상관없이 우리나라 사람들을 괴롭히는 가장 큰 문제가 '대인관계'라는 사실이?

제가 왜 이 말씀을 드리느냐 하면, 오늘 우리가 이야기할 '성'이라는 것이 바로 이 '관계' 문제에 속하기 때문이에요. 더구나 '성'은 사람 관계에서 매우 중요합니다. '성'을 잘 이해하지 못하면 '관계'에 어려움이 생겨요. 성적으로 무지한 사람이 사회적으로 건강한 관계를 맺고 잘 살아가기란 무척 어렵습니다.

여러분은 '성'性 하면 무엇이 떠오르나요? (청소년: "사랑, 연애, 섹스…") 네, 많은 대답이 나왔는데요, 솔직하게 말하자면 보통 '성관계'를 떠올릴 겁니다. 우리가 보통 '섹스'라고 하죠. 물론 이것은 틀린 대답이 아닙니다. 사전적으로 '성'性에는 두 가지 의미가 있습니다. 생물학적인 성별을 뜻하기도 하고 성적 행위를 의미하기도 해요. 하지만 저는 여기서 '성'과 성적 행위인 '성관계'를 구분하고자 합니다.

성관계란 성을 매개로 상호작용하는 것을 말합니다. 따라서 인간에만 해당하는 게 아니에요. 지구 상의 모든 동물은 성관계를 통해 번식합니다. 다만 인간은 종족 번식뿐만 아니라 쾌락을 위해서 성관계를 맺기도 한다는 차이점이 있지요. 성관계가 가능하려면 성 기능을 담당하는 신체기관이 있어야 합니다. 인간의 경우는 2차 성징 때 이 기관들이 발달하지요. 바로 청소년기가 그렇습니다. 이때 비로소 자신의 성과 진짜 만나는 거예요. 급격한 몸의 변화를 겪으면서 정신적으로도 혼란을 겪는 시기지요.

내 몸과 친해지기

청소년기는 생애 주기에서 가장 자존감이 떨어지는 시기입니다. 왜 그럴까요? 겉보기에는 그토록 명랑하고 건강해 보이는 청소년기인데 말이죠. 원인은 호르몬에 있습니다. 개인차가 있기는 하지만 만 12~15세 무렵 2차 성징이 나타납니다. 성호르몬이 왕성하게 나오는 시기예요. 성호르몬은 생식기관을 발달시키고 유지하는 역할을 합니다. 남자를 남자답게 여자를 여자답게 만들지요. 남성호르몬인 테스토스테론은 뼈를 굵게 만들고 근육을 생성합니다. 같은 운동을 해도 여자보다 남자가 근육이 많이 붙는 게 바로 테스토스테론 때문이에요. 어깨가 떡 벌어지면서 수염이 납니다. 여성호르몬인 에스트로겐은 임신을 가능하게 하고 수유 기관을 발달시킵니다. 여학생은 이 시기가 되면 가슴이 나오고 몸에 살이 막 붙죠. 몸매가 여성스러워집니다.

이때는 성장호르몬도 왕성하게 분비되는데요, 키가 쑥쑥 자라고 얼굴 모양도 달라집니다. 신체적으로는 아동 티를 벗게 되지요. 여러분, 혹시 방학이 끝나고 나서 만난 친구의 키가 훌쩍 커서 놀란 적 없나요? 1년에 10센티미터 넘게 자라는 시기가 바로 청소년기예요.

문제는 그렇게 되면서 몸과 마음이 일시적으로 균형을 잃게 된다는 거죠. 뇌 발달 측면에서도 급격한 변화가 일어납니다. 마음은 아이인데 거울을 보면 웬 총각, 처녀가 서 있어요. (웃음) 불안할 수밖에 없습니다. 나 스스로 내가 낯설어요. 지금 괜찮은 건지, 어디까지 변할지 알 수가 없잖아요. 그래서 사람들은 이때를 "질풍노도의 시기"라고 부릅니다.

그리고 이렇게 신체적으로 급격히 성장하는 동안, 정신적으로는 독립을 갈망합니다. 그동안 부모님의 보호 아래 성장해온 '나'라는 존재는 이제 독립된 인격체로 대우받고 싶어 합니다. 여러분, 엄마가 잔소리하면 막 신경질 부리잖아요. 그게 꼭 여러분 잘못은 아닙니다. 여러분의 뇌가 그렇게 시키는 거예요. 그러니 너무 미안해하거나 죄책감 느끼지 않아도 돼요. 부모님께 대항해 주체적으로 행동하려는 그런 과정을 통해서 성인이 되는 거예요. 여기에 있는 저도 그랬습니다. (웃음)

정체성에 혼란을 겪는 청소년기에는 무엇보다도 자신을 어떻게 대할 것이냐가 중요합니다. 나의 변화와 정체성을 있는 그대로 긍정할 수 있어야 해요. 그러려면 자신과 친해져야 합니다.

'나는 왜 이리 키가 작지?' '내 코는 왜 못생겼을까?' '왜 난 털이 많이 나지?' '가슴이 너무 작은 거 아니야?' 남과 비교하면서 자기를 탓하다 보면 자신감을 잃고 결국 사회생활에도 어려움을 겪게 됩니다. 나라는 사람이 얼마나 장점이 많은지, 내가 얼마만큼 매력적인지, 이걸 배우는 일이 필요해요. 자신을 아껴야 합니다.

사람에겐 누구나 장단점이 있잖아요. 내가 보기에는 얼굴이 무척 잘생기고 예뻐서 너무 부러운데, 사실 이 사람은 손가락이 짧고 마디가 굵은 게 콤플렉스라 사람 만나기를 꺼릴 수도 있어요. 같은 사람인데도 저와 본인이 보는 관점이 다르죠? 자신을 어떻게 보느냐에 따라서 장점 많은 매력적인 내가 될 수도, 단점투성이인 못난 내가 될 수도 있어요. 청소년기는 이걸 연습하는 시기입니다. 내가 나를 소중하게 대해야 다른 사람과 관계도 잘 맺게 돼요.

건강한 자아상을 만들어야 합니다. 어려움을 견디고 성취를 이루는 데는 '내가 생각하는 나'가 결정적인 역할을 하기 때문이에요. 해도 안 된다고 생각하는 사람은 기회를 만들지 못합니다. 작은 일에도 가능성을 찾는 사람은 절망에 빠지지 않지요. 많은 학자는 인간의 행복이 이러한 자아상과 밀접한 관계에 있다고 말합니다. 아이러니하게도 가장 불안정한 시기인 청소년기야말로 건강한 자아상을 만들 절호의 기회예요. 그러려면 먼저 나의 몸과 친해져야 합니다. 어떻게 하면 될까요? 누군가와 친해지려면 우선 그 사람을 잘 알아야겠죠? 지금부터 몸이야기를 해보겠습니다.

사춘기의 아름다움

사람의 몸은 오랜 시간을 거쳐 성장합니다. 태어나서 걸음마를 시작하고 "엄마"라는 말을 할 때까지 대략 1년이 걸리지요. 그 후로도 20년은 지나서야 성인이 됩니다. 그 사이 성 발달에 큰 변화가 두 번 찾아오는데 남근기와 사춘기가 그것입니다. 남근기는 '아동 성기기'라고도 하는데, 4~6살 때를 말합니다. 이때는 자기 몸에 호기심이 많고 특히 성기에 관심이 집중됩니다. 그래서 자기 성기를 만지고 가지고 놀기도 해요. 이 시기에 최초로 자위행위를 합니다.

그런데 유치원에서 선생님들이 이걸 보고 난리가 납니다. 부모님께 연락해서 "애가 자기 고추를 만져요." 이러죠. 무슨 큰일이라도 난 것처럼 아이의 행동을 걱정합니다. 그러나 아이의 행동은 지극히 정상입니다. 게다가 성적인 의미가 전혀 없어요. 아이 입장에서는 자기 팔 만지는 거나 자기 성기 만지는 거나 똑같습니다. 다만, 보는 사람이 안 그런 거죠. 아이들은 그냥 순수하게 호기심인 거예요. 자기 몸이 신기해서 갖고 노는 겁니다. 그냥 두면 자연스럽게 지나가요. 지금 여기 계신 분 중에 그때 자위행위 했던 거 기억하는 분 있나요? 없을 겁니다. 다 까먹어요. 오히려 이 시기에 선생님과 부모가 심각한 표정으로 야단을 치거나 강제로 막으면 문제가 생깁니다. '나한테 무슨 문제라도 있나?' 하고 생각하거나 나쁜 짓이라도 한 것처럼 수치심을 느낍니다. 그러면서 자존감이 떨어지게 되지요. 앞으로 여러분이 부모가 돼서 아이를 기를 때 아동기 자위행위가 나타났다, 그러면 '음, 우리 아이가 잘 자라고 있군.' 하면서 고개를 끄덕이고 지나가면 됩니다.

아동 성기기가 지나면 잠복기가 이어집니다. 잠복기란 2차 성징이 나타나기 전까지를 말해요. 말 그대로 신체적, 정서적인 성의 발달이 잠복하고 있는 상태입니다. 그러다가 이제 '진짜'가 옵니다. 2차 성징기, 즉 사춘기를 겪게 되지요. 이때는 앞서 말씀드렸듯이 성호르몬이 활발하게 분비되는 시기입니다. 성 기관이 발달하고 성적인 감각이 굉장히 예민해지죠. 즉, 성욕이 왕성해집니다. 삶에서 성이 차지하는 비중이 높아지고 머릿속이 복잡해집니다. 특히 남학생이 그렇죠. 자신이 성적으로 얼마나 훌륭한 남자인가 하는 게 중요한 문제가 됩니다. 멋지게 보이려고 운동도 하고 외모도 가꿉니다. 그리고 이 시기에 자위행위를 하게 됩니다. 그런데 아동 성기기 때와는 차원이 다르죠. 기관과 감각이 발달한 상태이기 때문에 실제 성관계와 유사한 쾌감을 느끼게 됩니다. 물론 이것도 건강한 성인으로 가는 자연스러운 과정입니다. 죄책감을 느낄 필요 없어요. 남학생의 경우에는 남성호르몬인 테스토스테론이 아동기보다 20~50배까지도 늘어요. 그런데 이 호르몬은 성욕을 일으키기도 합니다. 성적인 생각이나 행동이 나올 수밖에 없지요. 안 나오는 게 비정상입니다. 여자들도 테스토스테론이 7배가량 늘어납니다. 그러니 성욕 때문에 자기 몸을 싫어하거나 수치심을 느낄 이유가 없어요. 사람 몸 자체가 그렇게 생겼습니다. 그래서 이 시기에는 자위행위를 하느냐 마느냐가 아니라 얼마만큼 청결하고 건강하게 몸을 관리하는가가 중요합니다.

평소 벌컥벌컥 문 열고 들어오시는 부모님들 계시죠? 큰일 납니다. 항상 노크하셔야 해요. (웃음) 남학생들은 아버지가 이런 건강 상식을 알려주면 좋습니다. 어머니들이 하시기는 어렵죠. 비위생적인 환경에서는 자제하라거나 샤워를 하면서 자위행위를 하면 청결해서 좋다던가, 이런 얘기를 해주셔야 해요. 물론 일하시느라 바쁘고 쑥스럽기도 하지만 그게 어른의 역할이라고 생각합니다.

2차 성징이 나타나는 시기에는 자기 몸의 변화와 성욕을 이해하고 그것을 자기 정체성으로 통합해야 합니다. 그런데 이게 쉽지가 않아요. 보니까 몇몇 여학생들 표정이 좋지 않은데요, 제가 강의를 하다 보면 자위행위란 말만 들어도 고개를 돌리는 친구들이 많습니다.

여학생들에게 성은 남자들이 생각하는 것과 차이가 있어요. 여성에게 성은 정서적인 측면이 강합니다. 여성 호르몬인 에스트로겐은 출산과 관련한 기관을 발달시키는 한편 아기와 소통하는 능력을 굉장히 강화해요. 그래서 남자와 사귈 때 성행위 자체보다는 정서적인 안정감, 친밀감 등에 관심을 둡니다. 따뜻하고 포근한 느낌, 상대와 하나라는 느낌, 이런 것들을 좋아하지요. 어떻게 보면 남자들보다 굉장히 낭만적인 생각을 하고 있어요. (웃음) 남자와 여자는 이런 상대의 특성을 잘 이해해야 해요.

어쨌든 남녀의 차이가 있기는 하지만 2차 성징기, 즉 사춘기 때 성욕이 급증하고 자위행위를 하게 됩니다. 이때 자기 몸을 사랑하는 법을 배워야 해요. 자기 몸을 먼저 사랑해야 다른 이의 몸도 비로소 사랑할 수 있습니다. 자기 자신과 먼저 건강한 성관계로 만나지 않으면 다른 사람의 몸과 건강한 성관계로 만나지 못해요. 이 점을 꼭 기억해주셨으면 합니다.

인간의 뇌는 어릴 때 한번 형성되면 크게 바꾸기가 어려워요. 그런데 이 뇌를 재구성할 수 있는 시기가 인생에 딱 한 번 있어요. 바로 청소년기입니다. 뇌는 영유아기에 1차로 발달이 완성됩니다. 보통 심리학자들은 5세 정도까지로 보죠. 그래서 이 시기에 어떤 경험을 하느냐가 매우 중요해요. 이때 부모가 정성껏 돌보면서 사랑을 담뿍 주면 세상과 자신에 대해 긍정적인 상象을 갖게 되죠. 반면에 제대로 돌보지 않고 방치하거나 학대하면 이 아이는 부정적인 자기상을 가지는 것은 물론 세상과 관계 맺는 데 큰 어려움을 겪게 됩니다. 이 시기를 인생의 '결정적 시기'라고 해요. 어쩐지 불공평하죠? 내가 태어날 때 부모를 선택하는 게 아니잖아요. 하지만 우리에겐 또 한 번의 기회가 있어요. 바로 청소년기입니다. 이때는 뇌가 리모델링된다고 해야 할까요, 영유아기에 형성된 인지체계 같은 것들이 새롭게 재구성될 수 있습니다. 뇌가 매우 부드럽고 유연한 상태가 되는 거예요. 그래서 이때는 감정이 불안정합니다. 하루에 몇 번씩 기분이 좋았다, 나빴다 해요. 괜히 신경질을 부립니다. 부모님이 뭘 물어보면 나도 모르게 짜증이 나죠? 이거 정상이에요. 여러분이 불효자라서 그런 게 아닙니다.

청소년기는 불안정하지만 그만큼 새로운 가능성이 열리는 시기예요. 어린 시절에 상처 입은 사람들, 그로 인해 자존감이 낮았던 사람들도 이 시기를 지나면서 좋아질 수 있어요. 이전의 경험과 패턴에서 벗어날 수 있습니다. 여러분은 지금 황금 같은 기회를 맞고 있어요.

지금 여기 모인 여러분 한 사람 한 사람 다 너무 예쁘잖아요. 이 아름다움이 성과 관련되어 있다는 사실을 여러분이 아시면 좋겠습니다. 여러분은 이전까지 한 번도 만나보지 못한 새로운 나를 만나고 있어요. 그러니 '10대 청소년기는 아직 미성숙한 나이야, 불안정한 시기니까 욕구를 꾹꾹 눌러야 해.' 이렇게 부정적으로 보지 않았으면 해요.

이 시기에 자기 자신을 긍정하고 사랑하는 일은 매우 중요합니다. 자기를 바라보는 눈, 정체감이 형성되기 때문입니다. 이때 만나고 인식한 '나'가 평생을 가요. 그렇기에 사춘기에 처음으로 맺게 되는 '나와의 성관계'가 무척 중요합니다. '나'와 성관계를 한다고 하니까 이상하죠? 성적으로 나를 어떤 존재로 볼 것이냐, 하는 말입니다. 바로 나의 성적 변화를 긍정하면서 나의 몸을 소중하게 다루는 것이지요. 앞서 자위행위도 말씀드렸습니다만, 욕구를 건강하고 청결한 방식으로 해소하는 것도 건강한 '나와의 성관계'라고 할 수 있어요. 그래야 타인과의 성관계도 행복할 수 있습니다. 요약하면 나의 몸을 아끼고 사랑해야 다른 사람의 몸도 소중히 할 수 있습니다.

자, 그럼 이제부터는 다른 사람과 어떻게 행복한 성관계를 맺을 것이냐 하는 문제로 넘어가겠습니다.

성적性的 자기 결정권이란

남자 주인공이 좋아하는 여자를 벽에 밀친 후 키스하는 장면을 생각해 볼까요. 여러분, 이 장면에서 남자가 한 행동은 사랑의 표현일까요, 아닐까요? (청소년: "여자의 동의도 없이 일방적으로 그러는 건 좀 아닌 거 같아요.") 그렇군요. 또 다른 의견은 없나요? (청소년: "남자가 잘생겼으면 여자도 좋아할 것 같아요.") 네, 이런 장면은 드라마에 많이 나오는 장면인데요. 늘 멋진 음악이 깔리면서 낭만적으로 표현되죠.

이런 장면을 보고 사랑이라고 생각하는 분도 있고 그렇지 않은 분도 있을 거예요. 남자라면 어느 정도 적극적으로 애정 표현을 해야 한다고 생각할 수도 있고, 이런 식이면 폭력과 다를 바가 없다고 생각할 수도 있어요. 본인의 느낌도 중요해요. 여자가 사랑받는다고 느낀다면 제삼자가 뭐라고 하기는 어렵죠.

그럼에도 제가 이런 장면을 생각해보자는 이유는 타인과 관계를 맺을 때도 나를 소중히 해야 한다는 점을 말씀드리기 위해서입니다. 청소년기는 자기를 긍정하고 아끼는 게 중요하다고 말씀드렸죠? 다른 사람과의 성관계도 마찬가지입니다. 내가 누구와 성적 관계를 맺을 것이냐 아니냐를 누가 결정합니까? 바로 '나'예요. 누가 내 몸을 만질 것인가 결정할 권리, 언제 어디서 내 입술에 키스할지 결정할 권리, 누구에게 있습니까? 바로 '나'이지요. 남자든 여자든 똑같아요. 이런 걸 '성적 자기 결정권'이라고 합니다. 보통 여학생들과 이야기하다 보면 스킨십을 허락해주지 않으면 상대가 삐칠 것 같아서, 혹은 거절하기가 미안해서, 이런 대답들을 해요. 하지만 그건 상대를 배려하는 게 아니에요. 정말 날 사랑하는 사람이라면 내가 불편하다는 사실을 나중에 알았을 때 얼마나 미안하겠어요. 싫다고 말할 수 있어야 합니다. 그래야 상대도 진짜 사랑하는 법을 배울 수 있어요.

성적 자기 결정권은 모든 사람에게 적용됩니다. 나이가 어리거나 사회적 지위가 낮다고 해서 예외일 수 없어요. 그럼에도 현실에서는 이게 무시되는 경우가 많죠. 우리가 뉴스에서 흔히 보는 성폭력 사건이 그렇습니다. 가해자들은 자기들이 뭘 잘못했는지조차 몰라요. 오히려 피해자가 자기를 유혹했다고 억울함을 호소하기도 합니다. 이때도 법적인 판단 기준이 되는 게 바로 '성적 자기 결정권'이에요. 서로 성적 자기 결정권을 존중했다면 '성관계'지만 어느 한 쪽에서 이를 침해했다면 '성폭력'이 됩니다. 그럼 내가 상대방의 성적 자기 결정권을 존중하는지 안 했는지 어떻게 알 수 있을까요? 일단 폭력을 쓰면 당연히 존중하지 않았다고 할 수 있겠죠. 이런 경우는 너무도 명백해서 별로 따질 게 없습니다. 그런데 사람의 감정이라는 게 참 미묘한 거잖아요. 일상에서 보통 사람들이 성관계를 맺을 때는 그 경계가 모호할 때가 많아요. 나는 오케이 사인으로 받아들였는데 상대는 불쾌해한다거나, 나는 분명히 싫다고 했는데 상대는 그걸 좋다는 뜻으로 오해한다거나 할 때가 있죠. 특히 음란물 때문에 이런 잘못된 인식이 생기기도 해요. 그래서 건강한 성관계를 가지려면 상대방의 성에 대해 잘 알아야 합니다.

성에 관한 한 남자와 여자는 많이 달라요. 몸 자체가 그렇습니다. 남성 호르몬인 테스토스테론은 강력하게 성충동을 일으키는 작용을 합니다. 공격성을 키워서 목표를 향해 밀고 나가게끔 해요. 그래서 남자들은 대체로 경쟁적이고 목표 지향적입니다. 싸워 이겨서 목표를 성취하는 데 온 에너지를 집중하게 하는 거예요. 여러분 교실에서 남학생들 노는 걸 유심히 한번 보세요. 장난치면서도 만날 싸우죠? 그러면서도 웃고 다닙니다. (웃음)

이런 이유로 청소년기 남자들은 급격하게 성충동을 느끼고 또 빠르게 해소하고 싶어 해요. 좋아하는 여자와 사귀면 어떻게든 스킨십을 시도합니다. 여자들이 실망하죠. "너, 이러려고 나 만나는 거니?" 이러면서요. (웃음)

반면에 여자들은 어떻습니까. 여성 호르몬인 에스트로겐은 정서적 상호작용을 강화합니다. 여성의 몸을 출산과 육아에 최적화시키죠. 그래서 여성은 소통을 중요시합니다. 어느 커피숍에서 여자 둘이 대화하는 걸 남자들이 듣습니다. "그래서 걔가 이랬는데, 그래가지고 이렇게 될 뻔했지만, 그나마 다행이다. 그런데 오늘 아침 드라마 봤니? 얘, 오늘 너 머리 괜찮다. 어느 미용실에서 했어…."

남자들이 보기에 이해가 안 가죠. 쓸데없는 말이 너무 많아요. 게다가 뭐가 어쨌다는 건지 결론도 없습니다. 목표 지향적인 남자들은 이렇게 요점과 주제가 없는 대화를 힘들어합니다. 반면에 한두 마디 나누다 바로 PC방으로 가는 남자들을 여자들은 이해 못 하죠. 여자들이 대화를 나누는 목적은 어떤 결론을 내리는 게 아니라 서로 함께하고 있다는 느낌을 나누기 위해서입니다. 그래서 여성의 성은 관계 중심적인 경우가 많아요.

이 사람이 나를 사랑하나? 이 사람이 나를 소중히 여기나? 이 사람에게 난 유일한 존재인가? 이게 중요합니다. 키스, 성관계는 그다음이에요. 남녀는 이렇게 다릅니다. 상대의 특성을 이해하고 서로 배려해야 해요. 그래야 연애를 잘합니다.

연애는 배려다

제 경험을 말씀드리죠. 저와 남편은 고2 때부터 친구였어요. 그러다가 스물여섯 살에 연애를 시작했습니다. 그때만 해도 결혼까지 하게 될 줄은 몰랐죠. 어쨌든 그랬는데 당시만 해도 제가 좀 고지식한 면이 있었어요. 첫 데이트 때 지금의 남편에게 이렇게 말했습니다. 연애는 하지만 섹스는 안 하겠다. 혼전순결만큼은 꼭 지키고 싶다. 존중해 달라…. 그런데 남편 생각은 다르더군요. 남녀가 서로 믿고 사랑하는 사이라면 성관계가 무슨 문제냐는 거였어요. 그래도 제가 확고하니까 남편은 절 존중해 주었어요. 그리고 한번은 남편이 이렇게 말하는 거예요. "알았어. 그런데 네 생각하면서 자위행위 하는 건 괜찮지?" 순간 충격을 먹었죠. 그래도 오케이라고 말했습니다. 혈기왕성한 남자잖아요. 그 나이의 남자가 욕구를 참는다는 건 참으로 힘든 일이라는 걸 잘 알고 있는데, 저와의 약속을 지키려고 노력하는 거니까요. 고마웠어요. 그리고 남편은 결혼할 때까지 약속을 지켰습니다. (뒤쪽의 남편을 가리키며) 정말 멋진 사람이죠? (청소년: "우와!") (박수) 결과적으로 서로 배려하면서 연애한 그 기간이 우리에게 무척 좋은 시간이었어요. 관계의 실력을 많이 키울 수 있었고요. 저희는 갈수록 더 행복한 커플이 됐습니다. 만약 그때 남편이 다짜고짜 자기 식대로 밀어붙였으면 바로 차버렸을지도 모릅니다. (웃음)

연애에서 가장 중요한 것은 상대에 대한 배려입니다. 연인의 성관계에서 가장 중요한 일도 반드시 둘 다 진심으로 원하는 것입니다. 일방적인 성관계는 욕구 해소 이상도 이하도 아닙니다. 여기서 제가 말씀드리는 '성관계'는 성기의 결합만을 의미하지 않아요. 키스나 애무 같은 스킨십도 포함합니다.

서로 배려하고 성적 자기 결정권을 침해하지 않으면서 사랑을 나눌 때 그 관계는 행복합니다. 그러지 않으면 만나도 즐겁지 않습니다. 상대가 원해서 스킨십을 하긴 하지만 마음이 찜찜하고 불안합니다. 왠지 내가 도구나 수단으로 전락한 기분이 들죠.

지금 여기 연애를 하시는 분도 있고 그렇지 않은 분도 있을 텐데요. 중요한 것은 성관계를 하느냐 마느냐가 아닙니다. 서로를 이해하고 존중하는 것, 이거예요. 만약 사귀는 사람과 이런 부분에서 마음이 잘 안 맞는다면 솔직하게 대화를 해보세요. 예컨대 만난 지 한 달밖에 안 됐으니 아직 스킨십은 하지 말자, 라거나 백일이 지나고 서로에게 믿음이 생기면 키스까지는 할 수 있다, 이런 식으로 서로 합의한 선을 정하는 거예요. 그런데 어느 한 쪽의 기대치가 너무 높다, 이러면 어떻게 할까요? 낮은 사람에 맞춰야 합니다. 그래야 두 사람 다 성적 자기 결정권을 침해받지 않을 수 있어요. 선을 넘으면 어떻게 할 건지, 바로 헤어질 건지, 한 번 더 서로 노력해볼지, 이런 것까지 구체적으로 대화해보면 좋습니다.

여러분, 연애를 잘하려면 어때야 할까요? (청소년: "예뻐야죠, 잘생겨야 해요, 말을 잘해야죠….") 네, 여러 '조건'들이 있겠지만 저는 우선 '예의'를 말씀드리고 싶습니다. 다른 말로 '매너'라고 할 수도 있겠네요.

모든 인간관계에는 예의가 있습니다. 부모와 자녀 사이, 선생님과 학생 사이, 친구와 친구 사이에는 저마다의 관계에 걸맞은 예의가 있지요. 이걸 안 지키면 관계가 깨져요. 예컨대 저와 여러분 사이에도 예의라는 게 있습니다. 제가 여러분께 어리다고 반말로 막 대하면 어떻겠어요? 겉으론 표현 안 해도 '재수 없는 선생이군!' 할 겁니다. (웃음) 그럼 이 강의가 잘될 수 없겠죠. 제가 예의를 안 지키면 여러분과의 관계는 깨집니다. 성관계도 그렇습니다. 계속 강조 드립니다만, '성'을 매개로 하는 사람 사이의 '관계'이기 때문에 당연히 '예의'가 있어요. 저는 진정한 '예의'란 갑갑하고 거추장스러운 형식이 아니라, 관계를 건강하게 유지하고 신뢰와 애정이 더 깊어지게 하는 방법이라고 생각합니다. 예의를 지키면 그 관계가 더욱 풍성하고 깊어져요.

저는 직업 특성상 여러 사람을 만납니다. 10대는 물론 나이 든 성인들도 상담하러 와요. 부부들이 찾아와 성관계 문제를 호소합니다. 그럴 때 제가 드리는 말씀이 있어요. 성 문제를 해결하려면 먼저 관계 회복이 중요하다, 갈등을 풀려면 서로 상대에게 인정받는다는 느낌을 받아야 한다…. 그래서 저는 부부 사이에 친밀감을 쌓을 수 있는 대화법을 알려드립니다. 중요한 건 '관계'예요. 이걸 회복하면 대부분 성관계도 자연스레 좋아집니다. 많은 경우 관계 문제 때문에 성적인 영역까지 갈등을 겪는데, 그걸 잘 모르거든요. 여러분, 연애 잘하고 싶나요? 인터넷에 떠다니는 연애법보다 한마디의 따뜻한 말, 상대를 배려하는 마음이 훨씬 유용합니다.

성이 관계를 결정하지 않아요. 외모가 아무리 잘생기고 예뻐도 그건 일시적입니다. 상대방과 관계가 나쁘면 절대 행복한 성관계가 이루어질 수 없어요. 관계가 성을 결정하기 때문입니다. 내가 그 사람과 관계가 좋으면, 조금 서툴고 부족해도 서로 맞춰갈 수 있고 성적인 만족감이 올라가요. 그래서 성관계를 잘하려면 나와 상대를 잘 알아야 합니다. 서로 성에 대해서도 많이 대화하고, 남자와 여자는 어떻게 다른지, 생각의 차이는 어떤지를 이해해야 합니다.

사람은 감정의 동물이에요. 내가 상대에게 인정받는다고 느낄 때 우리의 사랑이 더욱 깊어집니다. 상대의 성에 대한 포괄적인 이해와 배려, 이것이야말로 '연애 박사' 혹은 행복한 성관계의 조건입니다.

데이트 폭력에 대처하는 우리의 자세

지금까지 올바른 성관계에 대해 알아봤습니다. 그럼 다음으로 잘못된 성관계, 우리가 피해야 할 성 문제에 대해 말씀드려볼까 해요. 대표적인 게 뭐가 있을까요? (청소년: "야동, 변태, 성폭력…") 네, 지금부터 말씀드릴 성폭력이 있습니다. 힘으로 상대 의사와 상관없이 자기 성적 쾌락을 추구하는 행위지요. 먼 얘기가 아니에요. 오늘날 한국 사회에서 성폭력은 일상적으로 행해집니다. 신문, 방송에서 빠지지 않고 등장하는 뉴스이기도 하죠. 그런데 이 성폭력은 누가 일으키느냐? 보통은 밤늦은 시간 인적 없는 곳이나 낯선 사람에게 당하는 범죄를 생각하시겠지만 아닙니다. 데이트 성폭력이 가장 많아요. 놀랍지 않습니까? 모르는 사람이 아니라 가장 친밀한 관계인 사람에게 당하는 폭력이 제일 많다니요…. 하지만 현실이 그렇습니다.

데이트 성폭력은 서로 사귀는 관계에서 발생합니다. 이유는 아까 말씀드렸던 관계에 대한 무지에서 오고요. 관계의 예의를 지키지 않고 오로지 자신만을 위한 성을 추구할 때 발생합니다. 그런데 어떤 사람들은 이게 폭력인지도 몰라요. 피해자들도 큰 혼란을 겪습니다.

"오빠가 널 사랑해서 그런 거야." "사랑한다면서 그것도 이해 못 해주니?" 이런 말을 들으면 오히려 불편해하는 자신이 이상한 것처럼 느껴지지요. 좋아하는 사람에게 당한 폭력이기에, 그 피해가 훨씬 크고 복잡합니다. 그러나 이 자리에서 분명히 말씀드리건대, 데이트 성폭력은 결코 사랑이 아닙니다. 한 번에서 끝나지도 않아요. 데이트 성폭력은 우발적인 경우보다 상습적인 경우가 더 많습니다.

통계를 보면 성폭력 가해자는 대부분 남성입니다. 왜 그럴까요? (청소년: "남자들이 더 포악해요." "힘이 더 세니까요." "절제를 못 해요.") 남자들이 더 악한 사람이어서는 아니죠. 그 이유는 '관계'가 잘못되었기 때문입니다. 관계가 깨어진 곳에는 '힘의 논리'가 작용합니다. 아까 남성 호르몬에 대해 말씀드렸죠? 남자가 근육량과 저장된 에너지가 훨씬 많아요. 힘으론 여성이 이기기 어렵죠. 폭력은 강자가 약자를 일방적으로 착취하는 것을 말합니다.

남자가 성적 본능이 더 강해서 그렇다는 건 결코 이유가 될 수 없습니다. 오히려 환경적인 요인에서 찾아야 해요. 우리 사회는 남자들의 성에 관대합니다. "남자가 너무 좋아하면 그럴 수도 있지, 뭐." "사내자식이 여자 하나 못 다루냐?" 어른들이 이런 말 하는 거 한두 번은 들어보신 적 있죠? 게다가 우리나라에서는 돈을 내면 언제든 여자들을 끼고 술자리를 할 수 있어요. 돈과 권력, 그리고 여자를 한 묶음으로 보는 시선도 여전합니다. 이런 사회 분위기에 힘의 차이가 더해지면서 데이트 폭력이 이뤄져요. 물론 남성이 피해자가 될 때도 있어요. 성폭력 피해자가 된 남성들은 여성과는 또 다른 큰 고통을 겪습니다. 어디까지나 통계적으로 여성이 피해자인 경우가 훨씬 많다는 겁니다.

우리나라만 그런 건 아닙니다. 데이트 폭력은 세계적으로도 문제가 되고 있어요. 이를 해결하고자 미국 같은 경우는 정부가 직접 대통령도 출연하는 공익광고를 제작하기까지 했죠. 사회적 노력도 중요하지만 제가 강조하고 싶은 건 여러분이 데이트 폭력이라는 개념을 잘 이해하고 있는 일이에요.

비록 내가 좋아하는 사람일지라도 그 사람이 예의를 지키지 않고 나의 마음을 존중하지 않는다면 "안 돼"라고 말할 수 있어야 해요. 사랑과 폭력을 구분하고 그 어떤 폭력 앞에서도 단호하게 자신을 지킬 수 있는 여러분이 되길 간절히 바랍니다.

정말 날 사랑하는 사람은 나의 성적 자기 결정권을 존중하는 사람입니다. 내가 "안 돼"라고 말했을 때 그런 나의 의사를 존중하는 사람이 나를 사랑하는 사람이에요. 이걸 무시하는 사람은 자기 욕구만을 채우려는 사람일 뿐이에요. 부디 '성'에만 관심을 쏟느라 '관계'를 놓치는 일이 없었으면 합니다. 여러분 한명 한명은 너무나 소중한 존재들입니다. 여러분이 건강한 성관계를 누리는 행복한 삶을 살길 진심으로 소원합니다. 감사합니다.

성에 대한 잘못된 '상식'들

청소년 『10대와 통하는 성과 사랑』이라는 청소년의 성에 관한 책을 쓰셨잖아요. 그 이유가 무엇인가요?

노을이 제가 예전에 1년 정도, 위기 상황에 처한 청소년들을 상담했었어요. 안타까운 건 이 친구들이 성에 대해 잘 모르고 있더라는 거예요. 예상치 못한 상황에 뭘 어떻게 해야 할지 몰라 방황하고 있었습니다. 그 모습을 보면서 저는 성에 대한 왜곡된 정보, 잘못된 인식이 위기 상황으로 이끌었다는 생각이 들었습니다. 실제로 그들은 음란물이나 친구들끼리 얻은 정보로 성을 이해하고 있었습니다. 청소년의 건강하고 행복한 성과 사랑을 위해서 제가 할 수 있는 일을 하고 싶었죠. 책은 그 결과물입니다.

청소년 자위행위 할 때 주의할 점을 말씀해주세요.

노을이 우선 말씀드릴 것은 '위생'입니다. 성기는 매우 중요하고 민감한 신체기관이에요. 항상 청결하게 관리해야 합니다. 손을 깨끗하게 씻고 하세요. 엎드려서 하는 것보다 누운 자세, 앉은 자세가 좋습니다. 도구를 사용하는 것도 주의해야 합니다. 자칫 성기가 다치거나 감염될 수 있으니까요. 남학생의 경우는 요도에 뭘 넣거나 하면 병균이 침입하거나 심각한 질병이 생길 수 있으니 조심하세요. 여학생도 마찬가지입니다. 질 안에 뭘 넣지 않는 게 좋아요. 상처가 날 수 있습니다. 질내 피부는 무척 여리고 주름이 잡혀 있거든요. 손톱이나 날카로운 물체에 긁히면 세균에 감염될 수 있습니다. 그래서 가능하면 삽입보다는 음핵을 만지는 정도를 권장합니다.

남학생은 발기가 자주 일어납니다. 아침에 일어나 보면 성기가 딱딱해져 있어요. 건강한 남성이라면 자연스러운 현상입니다. 그래서 잠결에 성기를 만지거나, 샤워하다 만지면 기분이 좋은 걸 발견해서 자위를 배우는 학생도 많죠. 자위 횟수에 대해서도 질문이 많은데요. 하루에 몇 번을 해야 정상이냐, 너무 많이 하는 거 아니냐, 이런 고민을 많이 얘기해요. 사춘기엔 자위행위도 빈번해지죠. 한 주에 몇 번 해야 정상이다, 이런 기준은 없습니다. 다만 몸과 마음이 급격하게 변하는 시기이니 건강을 해치지 않을 정도가 좋겠죠. 너무 자주 하면 고환이 열을 받아서 신장에 무리가 갈 수도 있어요. 그리고 자위행위 자체가 정신적 에너지를 소모한다는 점도 아셔야 합니다. 남성의 성감대는 성기

뿐만이 아닙니다. 성적인 자극을 받으면 뇌가 반응하죠. 그래서 자위를 너무 많이 하면 뇌가 에너지를 너무 써서 집중력과 기억력이 떨어질 수 있어요. 개인적으론 일주일에 1~3회 정도를 권장합니다.

마지막으로 제가 강조하고 싶은 것은 '음란물'입니다. 보통 자위행위를 할 때 '야동' 많이 보는데요, 이런 습관이 성 기능에 문제를 일으킬 수 있어요. 그리고 야동을 보면서 하면 보통 사정하는데 5~15분이 걸립니다. 그런데 이건 여성의 리듬과 차이가 크게 납니다. 여성이 오르가슴을 느끼는 데 걸리는 시간이 이보다 한참 오래 걸려요. 그래서 서로 만족스러운 성관계를 맺으려면 남성 쪽에서 사정을 지연하는 연습을 하는 게 좋습니다. 음란물은 이걸 어렵게 해요. 야동을 보면서 자위행위를 하면 금세 사정합니다. 평생 자위행위만 하고 살 거면 모르겠지만, 나중에 여자 친구나 부인과 성행위를 할 때 이러면 심각해지죠. (웃음)

여러분, 조루라는 병이 뭔지 알죠? 사정을 너무 빨리해버리는 병리 증상입니다. 음란물도 원인 중 하나입니다. 음란물을 보며 자위행위를 하다 보면 실제 성관계 시 조절이 안 되는 거예요.

음란물의 또 다른 문제는 왜곡된 여성상을 심어줄 수 있다는 점입니다. 보신 분은 알겠지만, 야동에 나오는 여성의 육체는 왜곡되어 있습니다. 게다가 성욕의 화신인 양 만지자마자 흥분하기 시작하죠. 어떤 자세로 어떻게 성행위를 하든 상관없이 좋아합니다. 실제로도 그럴까요? 그렇지 않습니다. 음란물에 등장하는 여성상은 남성들의 판타지예요.

여성들이 성관계하면서 절정감을 느끼려면 최소한 1년 이상의 시간이 필요하다고 해요. 처음엔 아프고 힘들어하죠. 그러다 시간이 흐르면서 적응이 되는 겁니다. 야동에선 이런 과정이 생략되어 있죠. 성행위만 하면 좋아합니다. 행위 자체도 굉장히 성기 중심적이에요. 삽입에 포인트를 두죠. 실제 여성들은 그런 거친 체위나 방식을 좋아하지 않습니다. 삽입 이전에 서로의 몸을 탐색하고 쓰다듬는 시간도 많이 필요하죠. 포르노 배우들도 개인적으로 연인이나 배우자와 성행위를 할 때는 훨씬 부드럽고 따뜻하게 합니다.

음란물은 구매자의 대다수를 차지하는 남성들의 입맛에 맞게 제작돼요. 음란물의 목적은 뇌를 흥분시키는 일입니다. 시각적으로 흥분되어야 하니 동작도 크고 거칠고, 내용도 자극적일수록 많이 팔리겠지요. 그러다 보니 여성에 대해 심각한 오해를 불러일으킵니다. 실제 여성들은 대부분 거칠게 하는 거 싫어해요. 그러면 몸이 다칩니다. 그런데도 야동을 본 남자들은 거칠게 하면 좋아할 거로 생각하고 밀어붙이죠.

음란물에 길들여진 사람들이 보기에 현실은 너무 시시합니다. 그래서 음란물 중독이 심해지면 실제 성관계가 불가능해져요. 음란물을 볼 때만큼 흥분이 안 되는 겁니다. 그런 남성들이 점점 많아지고 있어요.

요즘 같은 시대에 음란물로부터 완전히 자유로울 수는 없습니다. 다만, 그것이 현실과는 다른 판타지임을 인식하는 게 중요해요. 음란물은 성을 가르치는 교과서가 아닙니다. 그저 돈을 벌기 위해 만들어진 '가짜'일 뿐이에요. 여러분이 이 사실을 잘 알고 계셔야 해요.

사랑은 행복의 절대 조건

청소년 상대에 대한 배려가 중요하다고 하셨는데요. 그렇다고 매번 물어보고 손을 잡거나 키스를 하는 건 좀… 외려 그게 더 어색하지 않을까요?

노을이 매번 그러면 싫겠죠. (웃음) 하지만 사귀다 보면 어느 순간에 상대의 동의가 필요한지 알 수 있게 돼요. 그리고 상대가 동의하는지, 거절하는지 그 신호도 더 민감하게 알게 되죠. 그런 소통 방식은 커플마다 조금씩 달라요. 예를 들어 내가 상대 손을 잡았는데 상대는 지금 좀 불편해요. 그럼 손을 자연스레 놓겠죠. 그럼 '아, 지금은 손잡는 게 불편하구나'라고 알고 강요하지 않는 거죠. 어떤 땐 손 잡기나 키스가 좋다가도 또 어떤 때는 귀찮을 수도 있잖아요. 매번 말이 아니어도 서로 동의를 구하고 의사를 표현하는 방식을 함께 만들어 가면 생각보다 훨씬 근사한 관계가 됩니다. 그때그때 사람과 상황에 따라 다르지만, 상대를 알아가고 이해하려는 노력, 배려하는 마음을 표현하는 게 중요하죠.

청소년 첫사랑이 꼭 한 번이 아닐 수도 있지요?

노을이 조금 생각을 깊이 해보면 일리가 있는 말씀입니다. 저는 '순서상 먼저 좋아한 사람이 누군인가'보다는 '그 사랑이 얼마나 내게 의미 있고 중요한 사랑이었나'를 기준으로 삼고 싶습니다. 그래서 개인적으론 '최초의 사랑'보다는 '사랑' 그 자체가 훨씬 중요하다고 생각해요. 시간 면에서는 이 사람이 첫사랑이지만 또 다른 면에서는 저 사람이 첫사랑일 수 있겠죠.

청소년 '양다리'는 나쁜 거 아닌가요?

노을이 글쎄요, 저는 양다리가 좋고 나쁘고가 아니라, 본질적으론 불가능하다고 보거든요. 호감이 가는 사람이 여럿일 수는 있어요. 하지만 관계가 발전하고 호감이 진정한 애정으로 넘어갈 즈음에는 이미 양다리가 안 되지 않나요? 친밀한 관계가 형성되고 내가 이 사람 아니면 안 되는구나, 하는 생각이 들 때쯤엔 자연스레 한 사람에게 집중이 되죠. 그래도 자기는 양다리를 걸칠 수 있다고 주장하는 사람은 아마 확신이 없거나, 아직 진짜 사랑을 해보지 못한 사람일 가능성이 커요.

청소년 좋아하는 거랑 사랑하는 거랑 무슨 차이가 있나요?

노을이 좋아하는 것은 내 안에서 이루어지는 감정이에요. 내가 그 사람에 대한 호감이 생겨서 내 안에서 그에 대한 이런저런 상상과 이미지가 만들어집니다. 짝사랑과 비슷하죠. 사랑은 여기서 한 걸음 더 나아갑니다. 상대와 상호 작용이 필요하죠. 사랑은 이걸 통해 상대에 대한 애착이 생기는 겁니다. 이 사람과 함께라면 뭐든 해낼 힘이 생깁니다. 함께하고 싶고 기꺼이 주고 싶죠. 내 안에 책임감, 헌신과 배려 같은 감정이 생깁니다. 사랑은 단순한 느낌이 아니라, 서로 주고받는 관계 속으로 들어가는 용기입니다. 그 관계를 책임감 있게 가꾸고 성장시켜가는 '과정'이 사랑이죠.

청소년 사랑이 식으면 어떻게 하죠?

노을이 정말 사랑이 식으면 헤어지겠죠. (웃음) 사람 사이가 멀어지는 건 어쩔 수 없을 때가 있잖아요. 다만, 우리가 그 사랑을 오래 가져가도록 노력할 수는 있습니다. 그럼 어떻게 오래오래 사랑할 수 있을까요. 사랑을 불러일으키는 것은 감정이지만 이것만으로 지속되지 않는 것이 사랑입니다. 생물학적으로 3년 이상 못 가게 되어 있어요. 여러분 나이 때는 4개월에서 6개월이에요. 사랑의 감정을 불러일으키는 호르몬이 다하는 시간이 그렇거든요. 그러면 오랜 시간 사랑하는 사람들의 비결은 도대체 뭘까요? 사랑하는 척한다? (웃음) 저는 '친밀함'에 그 해답이 있다고 봅니다. 사랑에는 열정적 감정뿐 아니라 책임감, 유대감, 서로에 대한 헌신, 배려, 우정 이런 것들이 포함되어 있어요. 호르몬이 사랑의 열정을 유지해주는 동안, 열심히 서로를 알아가고 많은 대화로 친밀감을 잘 쌓으면 3년이 지나도 사랑이 식지 않습니다. 도리어 더 편안하고 깊은 관계를 갖게 되죠. 어떤 사람들은 호르몬이 일으키는 그 감정이 사랑이라고 생각해요. 하지만 과연 그럴까요? 우리 인간의 사랑은 그보다 훨씬 깊고 넓은 것이 아닐까요?

청소년 그러면 관계에 위기가 왔을 때 어떻게 해야 하나요?

노을이 어떤 관계든 위기와 시련을 겪습니다. 처음 사귈 때는 뭐든 예뻐 보이고 두근두근했는데 이젠 맘에 들지 않는 모습이 자꾸 보여요. 그리고 자주 싸우고 갈등이 일어납니다. 그러면 '아, 이제 사랑이 식었구나.' 하고 고민하게 되죠. 사랑 호르몬이 줄면서 '내가 상대를 사랑하지 않는다'고 판단해 버리면 관계가 끝납니다. 이런 식으로 관계를 맺다 보면 깊이 있는 사랑은 어렵습니다. 3년 사귀고 바꾸고 3년 사귀고 바꾸고 그러다가 세월 다 가겠죠. (웃음) 내가 상대를 사랑하기로 한 결정을 소중히 여기고, 책임감 있게 관계를 지키기로 선택하면 사랑은 지속됩니다. 앞서 얘기한 친밀감의 힘이 정말 강력하기 때문이에요. 원래 처음 분비되는 사랑 호르몬은 도파민이라는 쾌락 호르몬을 중심으로 여러 가지가 섞여 있어요. 그 기간이 3년이에요. 그런데 사람이 서로 공감하며 이해하는 깊은 소통을 나눌 때 옥시토신이라는 호르몬이 나와요. 이 호르몬은 편안함과 안정감, 포근함, 친밀함을 느끼게 해주죠. 그래서 서로를 잘 알아가고 배려하는 소통방법을 열심히 배우는 게 중요해요. 서로 호감을 표현하고 갈등을 잘 다루는 관계의 실력을 쌓아두면, 3년이 지나도 이 옥시토신을 중심으로 호르몬이 재편성되는데 이건 평생 나옵니다. 열정적인 사랑 호르몬은 이 친밀감을 쌓을 시간 동안 사랑을 유지하는 연료 역할을 해 주는 거죠.

사랑은 식물을 가꾸는 것과 비슷해요. 계속 물을 주고 햇볕을 쬐어주면서 관리해야 합니다. 그러면 시간이 갈수록 사랑은 더욱 깊어지고 관계가 튼튼해집니다. 사랑도 노력하고 가꿀 수 있습니다. 두려워 말고 사랑을 하세요.

청소년 사귈 때 '밀당'을 꼭 해야 하나요?

노을이 '밀당'은 언제 할까요? 상대의 마음을 확인하고 싶을 때 해요. 연애 초기나 주도권 싸움이 시작될 때 '밀당'이 등장하죠. 나만 좋아하면 손해 보는 느낌이잖아요. 그래서 내 마음은 안 보여줍니다. 그런데 상대방 마음은 너무 알고 싶어요. (웃음) 그래서 한 번 밀어보는 거예요. 어떻게 나오나 보는 거죠. 이게 '밀고 당기기'의 심리예요. 내 마음을 있는 그대로 드러내면 거절당할지도 몰라, 내가 원하는 만큼 상대가 나를 좋아하지 않으면 나도 내 마음을 표현해선 안 돼, 이런 생각들이 깔린 겁니다. 누구나 그런 마음이 조금씩은 있어요. 나쁜 거 아닙니다. 다만, 너무 '밀당'만 하다 보면 사람이 지치게 되어 있어요. 그러다 진짜 인연을 놓칠 수 있어요. '밀당' 때문에 그래 본 사람이라면 한번 자신을 들여다보면 좋겠어요. 내가 관계 맺기를 두려워하는 건 아닌지, 스스로 자신을 사랑스럽지 못하다고 생각하는 건 아닌지, 그렇다면 이런 마음들을 먼저 해결해야 해요. 자신에게 정직해야 합니다. 그래야 연애도 잘할 수 있어요.

솔직하게 상대의 감정을 확인하는 것도 좋은 방법이에요. 예컨대 "나, 너한테 호감 있어. 내 생각엔 우리가 잘 어울릴 것 같아. 너도 내게 호감이 있는 것 같은데, 그렇지 않니?" 이렇게 단도직입적으로 물어보는 거예요. 상대가 "그건 너의 착각이야." 이러면 좀 충격이긴 하겠죠. (웃음) 그래도 이런 솔직함이 관계의 물꼬를 터주기도 합니다. 자기 마음을 솔직하고 당당하게 털어놓는 사람은 매력적이거든요. 그런 친구들이 연애도 잘합니다.

청소년 잘 헤어지는 법도 알려주세요.

노을이 좋은 질문이에요. 연애를 잘하는 것만큼 잘 헤어지는 것도 중요하죠. 몇 가지 말씀드릴 수 있는 게 우선, 정식으로 진지하게 이별을 통보하라는 겁니다. 문자나 SNS로 "안녕, 이제 우린 끝이야." 이러지 마세요. 제삼자를 통하지도 마세요. 그건 다른 사람 뒤로 숨는 일입니다. 한때나마 사랑했던 사람에 대한 예의가 아닙니다. 당하는 입장에서는 모욕감을 느낄 수도 있어요. 껄끄럽고 미안하더라도 상대의 눈을 보면서 말해주세요. 아까 '예의'에 대해 말씀드렸죠? "내가 너를 좋아했던 건 사실이야. 하지만 이젠 너와 계속 만나기가 어렵다는 생각이 들었어. 너도 느꼈겠지만 우린 좀 안 맞는 것 같아. 나름대로 노력도 많이 했는데 해결이 안 되더라. 넌 좋은 사람이지만, 오래 고민한 만큼 지금 내 마음은 확고해. 그걸 네가 알아줬으면 좋겠어. 앞으로도 건강히 잘 지내길 바라." 이런 식으로 말이죠.

또 하나 말씀드릴 것이 단호하게 표현하라는 겁니다. 애매하게 여지를 남기면 상대가 오해할 수 있어요. 나쁜 마음을 먹은 친구라면 그걸 빌미로 계속 괴롭히기도 합니다. 전화하고, 페이스북 찾아오고, SNS

에 이상한 글들을 올립니다. 명확하게 입장을 말해야 해요. 그게 서로에게 도움이 됩니다.

마지막으로 재미있는 이야기 하나 해드릴게요. 미국 하버드대학에서 스트레스와 행복에 관한 실험을 했어요. 쥐를 대상으로 했는데요, 한 그룹에는 수컷만 몰아넣고요. 다른 그룹에는 암컷과 수컷을 함께 넣었습니다. 그리고 변화를 지켜봤지요. 수컷만 있는 그룹에선 싸움이 일어납니다. 그리고 서열이 딱 정해져요. 그중 가장 서열이 낮은 쥐의 혈액을 검사했더니 스트레스 호르몬이 엄청나게 검출돼요. 재미있는 건 암컷과 수컷을 한데 넣은 그룹이에요. 여기서 중간 정도 서열인 쥐의 혈액에서 나온 스트레스 호르몬과 비교를 했더니, 수컷만 있는 그룹에서 가장 서열이 높은 쥐보다 스트레스를 덜 받더라는 거예요.

여러분, 성은 이처럼 생명체의 생존에 큰 영향을 미칩니다. 쥐도 저런데 사람은 어떻겠어요. 높은 지위를 가지고 돈을 많이 버는 것도 중요하지만, 이성과 사랑하며 조화롭게 사는 게 훨씬 행복할 거예요.

한 연구에 의하면 인간의 행복에 핵심적인 것이 바로 '관계'라고 합니다. 그중 배우자나 사랑하는 연인과의 관계가 70퍼센트를 차지한다고 해요. 그다음이 자녀와의 관계입니다. 15퍼센트 정도죠. 노인분들이 자식이고 뭐고 필요 없다, 내 영감, 내 마누라가 최고다, 하시죠? 틀린 말 아닙니다. (웃음)

몸과 마음이 아름답게 변화하는 청소년기는 이제 막 사랑을 알아갈 때입니다. 친구들과 멋진 관계를 만들고 아름다운 사랑을 하세요. 감사합니다.

7강

옛사람들은 어떻게 살았나?

– 정숙영(어린이책 작가)

옛이야기들은 사회적 약자의 위치를
다시 한번 고려해보고, 현실 세계가 지닌
불완전함과 모순을 돌아볼 기회를 줍니다.
궁극적으로는 사회적 약자에 대한
편견과 차별을 비판하고,
신분이나 계급, 성별, 나이 같은
모순을 해체하려는 의지를 담고 있다고도
볼 수 있습니다.

정숙영

대학에서 '국어국문학'을 대학원에 들어가 '구비문학'을 공부했다. 지금은 어린이책 작가로 일하고 있다. 입에서 입으로 전해 내려오는 옛이야기에 대한 관심과 애정을 가지고, 책을 쓰고 있다. 쓴 책으로는 『10대와 통하는 옛이야기』(공저), 『옛이야기 들으러 미술관 갈까?』, 『설화 속 동물, 인간을 말하다』(공저), 『옛이야기 속에서 생각 찾기』(공저)가 있다.

옛사람들은 어떻게 살았나?

안녕하세요. 저는 옛이야기, 다른 말로 하면 구비문학에 관심과 애정을 가지고 공부하고 책도 쓰는 사람입니다.

강연의 주제가 '삶', 더 정확하게는 '우리 옛이야기를 통해서 보는 옛사람들의 삶'이라고 처음 들었을 때 저는 옛사람, 그러니까 우리의 조상을 떠올린 게 아니라 현재를 살아가는 저와 같은 보통 사람들을 떠올렸습니다.

여러분 중엔 요즘 살맛 난다, 사는 게 재미있다는 사람도 있을 것이고 삶이 왜 이렇게 고달프지, 하면서 하루하루를 힘겹게 보내는 분들도 있을 거예요. 사는 게 재밌는 사람은 별문제 없겠지만, 삶이 힘들고 고달픈 사람은 어떻게 해야 할까 고민일 겁니다.

그렇다면 '호랑이 담배 피우던' 시절의 옛날엔 어땠을까요? 시대만 다를 뿐 일상을 살아가는 평범한 사람들의 삶은 비슷하지 않았을까요? 재미날 때도 있고, 힘들고 어려울 때도 있었겠죠. 지금의 우리와 비슷한 어려움 때문에 괴로웠을지도 모릅니다. 물론 먼 과거의 일이니 직접 보거나 들을 수는 없습니다. 다만 추정은 가능하겠지요.

'옛이야기'를 통해 우리 조상들은 어떤 삶을 살았고, 왜 사는 게 힘겨웠는지, 한편으론 무엇 때문에 힘이 나고 흥겨웠는지 알아보도록 하겠습니다. 이를 통해 현재 우리네 삶을 잘 살아나가는 데도 힌트를 얻을 수 있지 않을까 기대해봅니다.

구비문학의 세 가지 특징

옛사람들의 '삶'을 살펴보기에 앞서 먼저 짚어보아야 할 것이 있습니다. 바로 '옛이야기'입니다. 제가 지금 하려는 얘기는 옛사람들의 '실제 있었던 삶'이 아니라 '옛이야기를 통해서 살펴본 그들의 삶'이니까요. 우리가 살펴볼 옛이야기는 구비문학이라는 범주에 속하는 한 부분입니다. 아까 제가 구비문학에 관심을 가지고 공부했다고 말씀드렸는데요, 그럼 구비문학이라는 게 무엇일까요?

구비문학은 입에서 입으로 전해진 말로 된 문학을 뜻합니다. 한자로 입 '口'구 자에 비석 '碑'비 자를 쓰죠. "비석에 새겨 넣은 말"처럼 진실되고 오래간다는 의미입니다. 문자로 쓰인 기록문학에 대응되는 용어이죠. 구비문학은 만들어지고 오랜 세월이 흐르고 난 뒤에도 살아남은 작품들로 이루어져 있습니다. 작품이 살아남으려면 조건이 있겠죠. 그 조건이라고 한다면, 이야기가 일정한 형식이나 구조를 갖추고 있어야 함은 물론 사람들이 그 내용에 공감할 수 있어야 해요. 일정한 형식이니 구조니 공감이니 하니까 어려운 이야기 같지만 그렇지 않습니다.

예를 들어 하나의 이야기가 오랜 시간을 거쳐 지금까지 살아남으려면 어때야 할까요? 다듬고 다듬고 또 다듬어진 이야기의 중요한 부분들이 앞과 뒤에 꼭 알맞게 배치되어서 이야기의 맛을 살리고, 이야기를 들으면서 그렇구나! 하며 손바닥을 탁 치게 되는 재미와 즐거움이 있고, 나아가 특별한 의미까지 품고 있다면 당연히 살아남을 수 있겠죠? 오늘날 우리가 알고 있는 옛이야기들은 바로 이런 요소를 골고루 갖추고 있습니다. 그렇지 않다면 지금까지 전해질 수 없었을 테니까요.

제가 옛이야기를 좋아하는 이유 중 하나도 바로 '시간의 힘'을 견뎠다는 거예요. 세상에 존재하는 많은 것들은 시간이 지나면 사라집니다. 우리가 입고 있는 옷, 사는 집, 지금 우리가 읽고 있는 책, 이런 것들이 과연 얼마나 오래갈 수 있을까요? 과거 수백, 수천 년 전에 존재했다가 지금까지 살아남은 것은 극소수에 불과합니다. 그 극소수에 우리가 아는 옛이야기가 있습니다. 시간의 힘을 견디면서 단단해졌고 다양하고 풍부한 의미를 담게 되면서 오늘날에도 그 생명력을 잃지 않고 있는 거예요. 대단한 일이죠.

이러한 구비문학은 대개 만들어진 시기를 알 수가 없습니다. 누가 만들었는지도 모르고 그게 특정 개인도 아니에요. 구비문학이 형성되는 과정을 생각해보면 잘 알 수 있습니다. 내가 어떤 친구한테 이야기를 하나 들려줬어요. 이 친구가 다른 사람에게 전하면서 첨삭을 해요. 과장도 하고 없던 사실도 집어넣고 혹은 빼버리기도 합니다. 그다음 친구가 이야기를 전할 때도 마찬가지로 이야기가 수정됩니다. 그렇게 수백, 수천 년 동안 이어진다고 생각해보세요. 우리가 지금 책에서 보는 수많은 옛이야기들이 그렇게 만들어진 것들입니다. 수많은 수정을 거쳐 정수만 남아 있는 거죠. 이런 과정을 거쳐 만들어진 것이다 보니 처음에 내가 만들었다고 해도 내 이야기라고 주장할 수가 없습니다. 이야기를 전한 다른 사람들도 어찌 보면 이야기에 조금씩 지분이 있는 셈이니까요. 거기에다 시간이 흐르면서 누가, 언제, 제일 처음, 이야기를 만들었는지도 잊혀졌겠죠. 그래서 옛이야기는 만들어진 시기를 작가도 모를뿐더러, 작가가 한 명도 아닌 셈이죠. 그렇게 수많은 사람들을 거쳐 만들어진 이야기에는 그 당시 사람들의 생각, 정서, 무의식, 경험, 지혜, 이런 것들이 녹아 있어요. 오랜 세월에 걸쳐 사라질 것은 사라지고, 남겨질 것은 남겨져 응축되어 스며들어 있지요.

그런데 이러한 구비문학이 기록문학에 비해 한계가 많다고 얘기하기도 합니다. 말과 글의 차이에서 오는 것이지요. 말은 금세 사라집니다. 많이 또 길게 기억하기도 전달하기도 힘들지요. 들을 수 있는 사람도 적고요. 멀리 가지도 못합니다. 반면에 글은 불특정 다수에게 전달될 수 있습니다. 보관도 오래 할 수 있고요. 다양한 수식들을 사용하면서 얼마든지 길게 쓸 수 있습니다. 이것이 우리가 아는 문학작품들이 대부분 글로 쓰이고 알려진 이유예요. 그러나 구비문학만의 장점도 있습니다. 예컨대 아메리카인디언의 어떤 부족은 회의를 할 때 쓸 것을 가져가지 않는대요. 왜냐고 물으니, 중요한 일은 굳이 쓰지 않아도 머리에 남는다고 대답하더랍니다. 이걸 구비문학에 대입해 본다면 얼마나 중요하기에 기록하지 않았는데도 지금까지 기억만으로 전해 내려오는 것일까요?

지금까지 구비문학이란 무엇인지 간단히 말씀드렸고요. 이어서 구비문학의 특징을 몇 가지만 살펴보겠습니다.

첫째로, 구비문학은 모든 문학이 그렇듯이 '삶을 총체적으로 형상화'합니다. 무슨 뜻일까요? 인간 삶의 다양한 측면들을 생생하게 보여준다는 거예요. 예컨대 사랑, 죽음, 우정, 이런 말을 들었을 때 뭐가 떠오르나요? 사랑이라는 단어를 들으니 엄마가 만들어준 음식이 생각이 난다든가, 우정이라고 하니까 친구가 나에게 응원의 메시지를 써준 편지가 떠오른다면, 맞아요. 그게 바로 '형상화'입니다. 눈에 보이지 않는 추상적인 것을 직접적이고 구체적인 모습으로 나타내는 걸 말하죠. '총체적'이라는 말은, 어느 한 부분이 아니라, 전체적으로 아울러 보여준다는 뜻입니다. 옛이야기는 사건, 인물, 배경을 통해 우리 삶을 형상화합니다. 이때 어떤 인물이 특정 배경 안에서 사건을 겪는 그 자체가 우리 삶의 다양한 모습들을 전체적으로 드러낸다는 것입니다.

구비문학의 또 다른 특징은 '민중성'입니다. 흔히들 구비문학을 민중의 문학이라고 합니다. 지배계급이 아니라 피지배계급, 그러니까 하층민들의 삶이 투영되어 있기 때문이에요. 태생이 그렇습니다. 구비문학은 입에서 입으로 전해집니다. 글자가 없었을 때도 그렇고 글자가 만들어진 이후에도 그랬어요. 이유는 글을 배울 수 있는 사람이 한정되어 있었기 때문입니다. 조선 시대만 해도 훈민정음이 만들어지기 전까지 일반 백성은 글을 읽을 수 없었어요. 글은 양반의 전유물이었습니다. 그전에는 말할 것도 없고요. 그래서 한문으로 쓰인 문학과 달리 구비문학은 민중들의 삶과 정서를 대변해주는 문학이었습니다.

세 번째 특징은 '현실 극복의 의지'를 보여준다는 겁니다. 옛이야기가 피지배계급인 민중의 문학이라고 했죠. 이들의 삶은 어땠을까요?

지배계급보다 더 잘 사는 피지배계급의 삶을 들어보셨나요? 저는 잘 못 들어봤습니다. 이들의 삶은 아마도 고달프고 힘들었겠죠. 옛이야기에도 이러한 삶의 고통이 투영되어 있습니다. 하지만 여기에 머무르지 않아요. 현실의 고통을 뛰어넘으려는 의지가 담겨 있습니다.

지금까지 구비문학의 특징에 대해 간단히 말씀드렸는데요, 사실 오늘 다룰 것은 구비문학 전반이 아니라 그에 속하는 한 부분인 옛이야기에 대해서입니다. 구비문학에도 다양한 장르가 있는데요, 설화, 판소리, 민요, 무가, 민속극 등이 그에 속합니다. 그중에 우리가 옛이야기라고 부르는 것은 바로 '설화'에 속하는 것들입니다. 설화도 세 종류로 나눌 수 있는데요, 신화, 전설, 민담이 그것입니다. 오늘 제가 주로 얘기할 것은 '옛이야기의 꽃'이라고 불리는 민담입니다. 이야기의 수도 많고, 흥미진진하고 재미난 내용이 풍부해서 사람들이 많이들 좋아하는 옛이야기들입니다.

그럼 본론으로 돌아가서, 오늘 본격적으로 할 이야기는 '옛이야기를 통해서 보는 옛사람들의 삶'입니다. 하층의 문학이자 민중의 문학이랄 수 있는 옛이야기를 통해 '강자의 압박 아래에서 사람들은 삶의 고달픔과 슬픔을 어떻게 극복했는지'에 대해 살펴보려고 합니다. 그렇다면 강자는 무엇[누구]이며, 약자는 무엇[누구]일까요? 강자와 약자를 나누는 기준부터 생각해보아야겠습니다. 우리가 한 사회 내에서 강자와 약자로 나눌 때 그 기준은 다양합니다. 소수 귀족이냐 다수의 평민이냐의 계층으로 나눌 수도 있고, 남자냐 여자냐는 성별로, 혹은 돈이 많은가 적은가 하는 경제력으로 나눌 수도 있겠지요. 주인과 하인이라는 신분으로도 나눌 수 있고, 나이가 많고 적음, 물리적인 힘의 강하고 약함으로도 나눌 수 있습니다. 옛이야기에는 약자들이 꾀를 내어 강자를 골탕먹인다거나, 강자를 물리치고 복을 받는다는 식의 내용이 많습니다. 일종의 희망 사항이었을 수도 있지만, 고단한 현실을 이겨내고 싶었던 민중들의 마음이 투영되었다고 할 수 있어요.

그러면 이러한 특징들이 실제 이야기에서는 어떻게 드러났을까요? 한번 살펴보겠습니다.

호랑이를 잡는 세 가지 방법

첫 번째로 살펴볼 옛이야기는 호랑이 이야기입니다. 호랑이는 옛이야기에 자주 등장하는 단골 캐릭터입니다. '백수의 왕'답게 이야기에도 빈번히 등장해 존재감을 나타내는데요. 사실 옛이야기에 호랑이가 자주 등장하는 이유는 그만큼 호랑이가 옛 사람들의 삶에 영향을 많이 미쳤기 때문입니다. 실제로 예전에는 사람들이 호랑이에게 당하는 피해가 컸다고 전해집니다. 지금은 멸종되었지만 과거 우리나라에는 호랑이가 많이 살았습니다. 게다가 그 몸집도 엄청나서 당해낼 동물이 없었죠. 인간도 포함해서요. 예를 들어 백두산 호랑이는 길이 4미터에 몸무게가 400킬로그램이나 나갔다고 하니 실제로 봤으면 어마어마했을 겁니다. 당연히 사람들에게 엄청난 두려움의 대상이었겠죠. 호랑이에게 입은 재앙이란 뜻의 '호환'虎患이라는 말까지 있었을 정도이니 상상이 가시죠?

과거 문헌에도 이 '호환'과 관련한 기록들이 많이 나옵니다. 『삼국사기』에 보면 고구려의 수도에 갑자기 호랑이 아홉 마리가 나타나 사람들을 잡아먹었다는 기록이 있어요. 신라에서는 호랑이가 임금님이 사는 궁궐까지 침입했다고 해요. 『조선왕조실록』에는 경상북도에서 한 해 동안 호랑이에게 물려 죽은 사람이 수백 명이 된다는 기록이 있습니다. 전쟁이 난 것도 아니고, 갑자기 그렇게 많은 사람이 희생될 정도면 정말 재앙이나 다름없었을 겁니다.

문헌만 보아도 알 수 있듯이 옛사람들에게 호랑이는 무시무시한 강자였을 겁니다. 물리고, 잡아먹히는 데다 갑자기 나타나면 손쓸 수도 없는 막강한 힘을 가지고 있었습니다. 강자 중의 강자였죠. 호랑이라는 자연 앞에 옛사람들은 인간으로서의 무력감을 느끼지 않았을까요?

자, 그런데 옛이야기에 등장하는 호랑이는 어떨까요? 호랑이에게 잡아먹히는 현실을 그대로 드러낸 것도 간혹 있지만, 그것보다는 '어리석은 호랑이'에 대한 이야기가 더 많습니다. 사람에게 골탕먹고, 당하고, 죽는 이야기들 말입니다. 여러 가지가 있는데 세 가지만 묶어서 말씀드리겠습니다.

옛날 어느 마을에 한 아이가 있었습니다. 이 아이는 매일 방구석에 처박혀 벼룩을 잡는 게 일이었어요. 여러분, 벼룩 잡기 쉬운가요? 눈에 잘 보이지도 않아요. 게다가 펄쩍펄쩍 뛰어다니죠. 보통 사람은 엄두도 못 냅니다. 그런데 이 아이는 어떻게 벼룩을 잡았느냐, 일단 머리

카락을 한 올 뽑습니다. 그걸로 올가미를 만들어요. 벼룩이 지나갑니다. 그러면 휙, 하고 올가미를 날려서 벼룩의 목을 조이는 거예요. 대단하죠? 마침내 집안의 모든 벼룩을 없앤 이 아이가 드디어 집을 나섭니다. "어머니, 잠시 다녀오겠습니다." 이러고선 굵은 밧줄을 하나 가지고선 깊은 산중으로 향해요.

이윽고 밤이 되자 잠잘 곳을 찾는데 멀리 불빛이 보입니다. 문을 두드리자 집주인이 나와요. 하룻밤 신세를 지겠다고 하자 안 된다고 합니다. 이유를 물으니 밤이면 호랑이가 집 안까지 들어온다는 거예요. 아이가 그 호랑이를 자기가 잡겠다고 합니다. 그날 밤 아이는 그동안 갈고 닦은 올가미 기술로 그 집 담장을 넘어 들어온 호랑이를 잡아요. 거기까진 좋은데 호랑이가 힘이 엄청 세잖아요. 밧줄을 목에 건 채로 아이에게 달려들어 꿀꺽 삼킵니다. 호랑이 뱃속에 들어간 아이는 어떻게 되었을까요?

아직 죽진 않았어요. 컴컴한 뱃속을 헤매고 헤매다 저 멀리 불빛이 보이길래 그쪽으로 가봅니다. 조그만 구멍으로 빛이 들어오고 있었어요. 바로 호랑이 똥구멍이었죠. 아이는 그 똥구멍으로 기어나옵니다. 여전히 손에는 밧줄을 쥐고요. 아이는 밧줄을 커다란 나무에 동여맵니다. 그러자 호랑이가 똥구멍으로 나온 아이를 보고 이리 뛰고 저리 뛰고 난리가 나죠. 그런데 목에 밧줄이 걸려 있잖아요. 계속 날뛰다가 호랑이 얼굴이 입으로 들어가 똥구멍으로 나오게 됩니다. 몸이 홀라당 뒤집혀 죽는 거죠. 결국 이 아이는 잡은 호랑이 가죽을 팔아서 엄마에게 효도하고 부자로 살았다고 합니다.

이 이야기를 들은 옆 마을 아이가 자기도 질 수 없다며 호랑이 사냥을 나섭니다. 아이는 강아지를 이용합니다. 깨를 털어서 참기름을 짜서 강아지의 온몸에 바릅니다. 그리고는 목줄을 해서 강아지를 나무에 묶어요. 기름이 반질반질한 강아지가 고소한 냄새를 풍기고 서 있었겠죠. 이 냄새를 맡은 호랑이가 어슬렁어슬렁 나타납니다. 멍청한 호랑이가 냅다 강아지를 집어삼키죠. 그러자 온몸에 참기름을 바른 미끌미끌한 강아지는 입안으로 쑥 들어가더니 똥구멍으로 쑥 나와요. 이때 냄새를 맡고 찾아온 다른 호랑이가 강아지를 날름 삼킵니다. 그러자 또 뱃속을 통과해 똥구멍으로 쑥, 또 다른 호랑이가 나타나 강아지를 삼키고 또 똥구멍으로 쑥, 결국 꼬치처럼 호랑이들이 줄줄이 꿰어집니다. 이 아이도 마찬가지로 호랑이 가죽을 팔아 부자가 되지요.

뒷마을에 사는 한 아이가 또 이 이야기를 듣습니다. 자기도 호랑이를 잡겠다고 생각했죠. 그리곤 봄이 되면 호랑이가 마을 뒷산 큰 바위에 나타나 꾸벅꾸벅 존다는 정보를 입수합니다. 이 아이는 손톱을 기르기 시작합니다. 엄마가 더럽다고 자르라고 해도 절대 말을 안 들어요. 뭔가 꿍꿍이가 있었겠죠. 그러던 어느 봄날 아이가 집을 나섭니다. 뒷산 큰 바위로 가니 아니나 다를까 집채만 한 호랑이가 꾸벅꾸벅 졸고 있는 거예요. 살금살금 다가가서 호랑이 콧잔등에 길게 기른 손톱으로 열 십자를 그어요. 그리고는 얼른 뒤로 가서 호랑이 꼬리를 꽉 밟으며 소리를 왁! 하고 지릅니다. 자다가 깬 호랑이가 깜짝 놀라 앞으로 홱 튀어 나가요. 그런데 좀 전에 아이가 콧잔등에 열 십자로 생채기를 냈잖아요. 그 때문에 가죽은 그대로 남고 그 안에 있던 알몸만 쏙 하고 빠집니다. 역시 이 아이도 남겨진 호랑이 가죽을 팔아서 잘 먹고 잘 살았다는 이야기입니다.

좀 황당하고 어이가 없죠. 실제로는 불가능하잖아요. 산 채로 똥구멍으로 나오는 것도 그렇고, 호랑이가 몸이 뒤집히는 것도, 줄줄이 꿰어지는 것도, 가죽은 그대로 둔 채 알몸만 빠져나가는 것도 말이 안 됩니다. 그런데 이 이야기들에서는 그런 일들이 벌어집니다. 게다가 공통점이 있어요. 그건 바로 이야기의 주인공이 하나같이 어린아이라는 겁니다. 힘센 장수도 활 잘 쏘는 사냥꾼도 아닌 조그맣고 힘이 약한 어린아이가 호랑이를 잡으니 어때요? 더 통쾌하지 않나요? 그 어떤 힘센 이가 호랑이를 물리치는 것보다 만족감이 큽니다.

이런 종류의 이야기에는 또 하나의 공통점이 있습니다. 그건 바로 호랑이를 힘으로 물리친 게 아니라 인간의 꾀로, 기발한 방법으로 잡았다는 거예요. 아이가 주인공이니 당연히 힘으로 물리칠 수는 없었을 텐데, 그 방법이 황당해서 어이없는 웃음이 터집니다.

여러분은 그저 재미있는 호랑이 이야기라고 생각할지도 모르겠습니다. 하지만 여러분이 호랑이 때문에 낮에 산에 갈 때도 여러 명이 무리지어 오르고, 누가 잡아먹혔다는 소식도 심심치 않게 들려오는 두려운 현실 속에서 살고 있다면 어떨까요? 호랑이가 없는 세상이 왔으면 좋겠고, 호랑이를 너무도 잡고 싶은 마음이 들 겁니다. 그러나 웬만해서 보통 사람은 잡을 수도 없습니다. 그럴 때 호랑이를 잡는 이야기를 만든다면 어떨까요? 천하장사가 호랑이를 한 번에 때려잡는 이야기? 명

사수가 멀리 보이는 호랑이를 화살 한 방에 딱 맞히는 이야기? 신이 나죠. 하지만 그런 건 현실적으로 완전히 불가능한 일은 아니죠. 주인공도 좀 평범하고요. 더 통쾌하고 신 나게는 안 될까요? 호랑이만 보면 무서워서 벌벌 떨 것 같은 힘도 약하고 나이도 어린 아이를 주인공으로 삼는 건 어떨까요? 어린아이가 주인공이니 보통의 방법으로 호랑이를 잡기는 어려울 겁니다. 그러니 다른 방법을 생각해보는 거죠. 아주 특별한 방법으로요. 앞서 들려드린 옛이야기는 이런 의도에서 만들어진 게 아닐까 싶습니다.

현실에선 힘으로 이길 수 없는 맹수, 호랑이는 강자로 볼 수 있습니다. 대적하지 못하는 사람들은 약자이고요. 그런데 현실의 강자와 약자가 뒤바뀌는 게 바로 옛이야기 속 세상입니다. 이야기 속에서는 번번이 당하고 죽는 것은 현실의 강자인 호랑이이고, 한 마리도 아니고 줄줄이 호랑이를 꿰어 잡는 것은 현실에선 약하고 힘없는 어린아이입니다. 게다가 강자를 이기는 방법도 몹시 터무니없고요.

이쯤 되면 무력하고 무서운 현실을 이겨내는 방법으로 옛사람들이 무엇을 택했는지는 이야기를 통해 알 수 있습니다. 바로 기발한 상상력입니다. 호랑이를 잡는 방법은 발랄한 상상력에 기반을 두고 있습니다. 물론 호랑이를 잡는 재미있고 기발한 이야기가 전해진다고 해서 호랑이가 사람에게 피해를 주는 현실은 달라지지 않았을 겁니다. 그럼에도 옛사람들은 기발한 상상력에 바탕을 둔 재치 있는 이야기로 호랑이에 대한 두려움을 극복하려고 했던 것은 아닐까요? 무서움에 벌벌 떨고 호환의 고통에 괴로워하는 대신에 상상력에 바탕을 둔 유쾌한 호랑이 이야기를 만들고 전하고 들으면서 다시금 두려운 현실을 살아나갈 힘을 얻었던 것은 아니었을까 생각해봅니다. 그러니 호랑이를 잡는 엉뚱하고 황당한 이야기가 그저 마구잡이로 만들어지고 전해진 것은 아니란 것을 짐작하실 수 있겠지요. 현실 속에서 무력할 때조차 옛사람들은 상상력이란 무기로 이야기를 만들고, 웃고, 그 안에서 숨을 고르며, 지난한 현실을 헤쳐나갈 힘을 얻은 게 아닐까요?

호랑이를 잡는 이야기를 통해 고통스러운 현실을 이겨내고자 했던 당시 사람들의 지혜를 엿볼 수 있었고요. 다음으로 신분제에 대한 풍자가 담긴 이야기를 말씀드리겠습니다.

옛이야기 속 민중의 지혜

신분제는 오랫동안 우리 사회를 지배하던 제도이자 관습이었습니다. 어떤 신분으로 태어났느냐가 평생을 좌우했지요. 소수의 지배층만이 대접받는 사회였습니다. 전근대사회에서 신분은 귀족·양인·천민으로 나누어졌고, 천민의 대표적인 존재가 노비奴婢, 바로 종이었습니다. 여기서 노奴는 사내종을 뜻하고, 비婢는 계집종을 의미합니다. 신분제 사회에서 최하층을 담당한 것이 바로 종이었죠. 제가 앞으로 말씀드릴 '꾀쟁이 하인'이라는 옛이야기에서는 종이 등장합니다. 하인이라고 불리는 종은 사노비, 즉 일종의 개인 노예라고 할 수 있는데 신분적으로 주인에게 예속되어 있지요. 주인이 죽으라고 하면 죽는시늉이라도 해야 합니다. 양반인 주인에게 꼼짝 못하는 신분적 약자인 셈이죠. '꾀쟁이 하인'이라는 이야기는 이런 신분제의 현실을 민중들이 어떻게 꼬집고 있는지 잘 보여줍니다.

신분제 사회에서는 태어나면서 삶이 결정됩니다. 그 사람의 인격과 능력 같은 것들은 아무 의미가 없습니다. 그런데 이야기 속에서는 머슴의 지혜로움이 돋보이지요. 양반의 신분 따위는 아랑곳하지 않습니다. 오히려 매번 당하는 양반이 애처로울 정도예요. '꾀쟁이 하인' 이야기에는 신분제로 고통받은 사람들의 소망과 의지가 잘 담겨 있습니다. 이 이야기에 등장하는 하인은 봉산탈춤의 '말뚝이'와 비슷해요. 양반의 허세를 조롱하고 무식함을 비꼬면서 현실을 풍자합니다. 이야기는 이렇게 시작합니다.

옛날 어느 마을에 '뜨그리'라는 하인이 살았습니다. 하루는 이 집 양반이 과거를 보러 갑니다. 뜨그리가 마부로 동행을 하죠. 길을 가던 뜨그리가 말합니다. "샌님, 밥을 오래 두면 똥이 됩니다. 그러기 전에 먹고 가시지요." 배가 고팠던 겁니다. 양반은 이 말을 무시하고 길을 재촉합니다. 한참을 가다가 똥이 마렵다면서 뜨그리가 자리를 떠요. 이때 말에 매어놓은 도시락을 몰래 가져갑니다. 뜨그리가 돌아오자 아무 일 없었다는 듯이 두 사람은 또다시 길을 갑니다. 얼마쯤 가다가 배가 고파진 양반이 길을 멈춥니다. 그리고 도시락을 열어보더니 깜짝 놀라요. 밥은 없고 똥만 가득 들어 있었기 때문입니다. 뜨그리가 아까 밥을 다 먹고 거기다가 똥을 싸놓았던 거죠. 황당해하는 양반에게 뜨그리가 말합니다. "그러게 제가 뭐라고 했습니까요. 밥을 오래 두면 그렇게 된다니까요." 양반은 아무 말도 못 하고 도시락 뚜껑을 덮을 수밖에요.

길을 계속 가다가 시장에 다다르자 배고픈 양반은 뜨그리더러 팥죽을 사오라고 시켜요. 뜨그리는 팥죽 장수에게 주인이 뜨거운 것을 좋아하니 팔팔 끓여 달라고 주문합니다. 뜨그리가 팥죽을 사 오자 배고픈 양반은 팥죽을 크게 떠 입으로 가져가는데 입에 대자마자 "아잇, 뜨거라!" 하고 소리를 칩니다. 그러자 방문 옆에 앉아 있던 뜨그리가 "샌님, 뜨그리 부르셨습니까? 그 팥죽 제가 먹을까요?"라고 말합니다. 점잖은 처지에 뭐라 할 수도 없었던 양반이 팥죽을 뜨그리한테 넘깁니다.

아무것도 먹지 못해 배가 고팠던 양반은 이번에는 떡국을 사오라고 시킵니다. 그런데 뜨그리가 떡국 안에 있는 고기를 손으로 모두 건져 먹으며 오는 겁니다. 양반은 화가 나 도대체 무슨 짓이냐고 소리치자 뜨그리가 말합니다. "가져오다가 콧물을 빠뜨려서 건져내느라 그럽니다." 이 말을 들은 양반이 "더러워서 못 먹겠으니 너나 먹어라." 하면서 떡국도 내줍니다. 그렇게 주린 배로 서울에 도착한 양반은 시장으로 직접 먹을 것을 사러 갑니다. 뜨그리에게는 이렇게 당부하지요. "서울은 눈 감으면 코 베어 가는 곳이다. 그러니 말을 잘 지켜야 한다."

그런데 양반이 음식을 먹고 돌아와 보니 말이 없어요. 뜨그리는 손으로 얼굴을 가린 채 앉아 있고요. 놀란 양반이 이유를 물으니 하는 말이 "아이고, 주인님. 눈 감으면 코를 베어가는 곳이라고 해서 눈을 감고 손으로 얼굴을 가리고 있었는데 그동안 어떤 놈이 말을 가져갔나 봅니다." 하지만 실은 뜨그리가 말을 팔아넘기고는 일부러 그런 행동을 하고 있던 거였죠.

양반은 화가 나 뜨그리에게 편지를 한 장 써주고는 이걸 가지고 집으로 돌아가 전하라고 합니다. 그 편지엔 '뜨그리 때문에 밥도 굶고 말도 잃었으니 내려가면 당장 죽여라'라고 써 있었죠. 뜨그리는 양반의 편지를 가지고 가다가 스님을 만나게 됩니다. 집으로 가는 중에 꿀범벅 메주를 손에 얻게 된 뜨그리가 그 꿀범벅 메주를 조금 주면서 스님에게 편지에 뭐라고 쓰여 있는지 읽어달라고 하죠. 내용을 알게 된 뜨그리는 편지를 다시 써달라고 합니다. 스님은 꿀범벅 메주를 더 먹고 싶은 마음에 편지 내용을 고쳐줍니다. 뜨그리가 부르는 대로 '뜨그리 때문에 잘 먹고 잘 지내고, 서울 와서 일도 잘 되었으니 내려가면 딸과 혼인시켜라'라고 말이죠. 결국 이야기의 마지막에선 주인공인 뜨그리가 이 양반의 딸과 결혼하기에 이릅니다.

어때요? 이야기의 배경이 조선 시대인 점을 감안하면 현실과 정반대이죠. 주인이 신분적 강자 같지가 않지요? 이 옛이야기의 재미는 일반적으로 생각하는 상전과 하인의 역할, 능력이 뒤집힌 상황에서 옵니다. 약자일 것 같은 하인은 멍청한 양반에 비해 똑똑한데다가 사회적인 질서에 반감을 가진 인물로 그려집니다. 꾀쟁이 하인 뜨그리는 현실에서는 신분적 약자이지만 이야기 속에서는 양반을 속이고 이겨버리죠. 신분제 사회에서 천한 노비인 뜨그리가 상전에게 대항할 것은 기발한 꾀밖에 없기에 이를 이용해 양반인 주인을 골리고, 결국엔 양반의 딸과 결혼까지 하게 됩니다.

사람들은 천한 신분의 주인공이 막강한 권력을 지닌 상전을 골려 먹으니 아주 통쾌했겠죠. 대리만족도 느끼고요. 하지만 재미와 통쾌한 대리 만족, 그것뿐일까요? 이야기의 힘은 생각보다 크다고 봅니다. 사람들은 이야기 속에서 뒤바뀐 능력과 뒤집힌 상황을 통해 자신이 속한 현실을 벗어나 새로운 가능성의 세계를 상상해보지 않았을까요? 그 상상을 통해 즐거움도 느끼고 나아가 새로운 시각으로 다시 현실을 바라보기도 하고요. 결국 이 옛이야기에서 드러나는 건 양반의 권위와 지식이 실제론 쓸모없고 무력하며 하인으로 대변되는 민중의 꾀로 그것을 이겨낼 수 있다는 인식입니다.

이 옛이야기가 주는 웃음 안에는 기존의 질서와 권위를 뒤엎는 전복적顚覆的 상상력이 있습니다. 전복성은 옛이야기에 종종 드러나는 특징 중 하나이죠. 현실에 뿌리박힌 권위를 위협하고, 위엄을 무너뜨리고, 기존 질서에 대한 믿음을 흔듭니다. 이 이야기만 보더라도 하인은 주인의 음식을 자신이 가져다 먹어 오히려 주인을 굶기는가 하면, 주인의 말을 가져다 파는 등 이런저런 행동들로 주인을 조롱하다 마지막엔 편지까지 바꿔서 주인의 딸과 결혼까지 합니다. 현실에선 상상도 할 수 없는 일이죠. 하지만 이야기 속 뜨그리의 행동은 거침이 없습니다. 뜨그리가 하는 행동은 마치 당시의 모순된 신분제도와 부당한 사회구조에 대한 발랄한 도전처럼 보입니다. 상전의 권위를 추락시켜 신분제 사회에 문제를 제기하고, 현실을 뒤집어 민중들이 꿈꾸는 세계를 그려냅니다. 이는 이 이야기를 향유하는 사람들에게 새로운 삶의 가능성을 보여주었을 겁니다. 당장 현실을 바꾸기는 어려워도 이야기를 통한 지속적인 문제 제기와 비판은 새로운 질서가 등장하는 밑바탕을 견고히 만들어주었을 테니까요.

현실 속 신분적 강자와 약자의 모습이 옛이야기에선 어떻게 나타나고, 어떤 의미를 가지는지 조금은 감이 오시죠?

지혜로운 아이 – 권위를 조롱하다

다음은 사회적 지위와 권위, 나이 등에 도전하는 이야기입니다. 스승과 제자에 관한 이야기를 먼저 할 텐데요. 과거에는 스승을 공경하고 모시기를 극진히 하는 것이 지금과는 조금 달랐다고 하지요. 교사의 권위와 위상이 지금과는 달랐다는 것을 염두에 두시고 들어주시길 바랍니다.

옛날 어느 마을에 서당이 있었습니다. 그런데 여기 훈장님이 알사탕을 아주 좋아해요. 서랍 속에 숨겨두고 몰래 꺼내 먹습니다. 그러면서 하는 말이 "이건 먹으면 죽는 독약이다. 그러니 절대로 손대면 안 돼"라고 합니다.

학동들은 새빨간 거짓말이라는 걸 알면서도 어쩔 수가 없었어요. 하늘 같은 훈장님한테 밉보였다가는 혼쭐이 날 테니까요. 그러던 어느 날 훈장님이 잠시 다녀올 데가 있으니 글공부를 하고 있으라고 합니다.

그런데 잠시 후 한 아이가 나오더니 훈장님이 몹시 아끼는 벼루를 바닥으로 던져 일부러 깨버립니다. 어리둥절해하는 나머지 아이들에게 "내가 책임질 테니 너희는 누워만 있어." 합니다. 그러고는 서랍을 열어 사탕을 꺼내 아이들 입속에 쏙쏙 넣어주지요. 외출에서 돌아온 훈장님이 문을 열어보고는 기겁을 하죠. 아끼는 벼루는 박살이 나 있고 애들은 알사탕을 물고 누워 있고….

이게 다 무슨 일이냐고 호통을 치자 벼루를 깨뜨린 아이가 울면서 말합니다.

"훈장님, 저희가 장난을 치다가 실수로 훈장님이 아끼시는 벼루를 깨뜨리고 말았습니다. 그래서 다들 죽으려고 이렇게 독약을 먹은 거예요."

훈장님은 아이들을 혼내지도 못하고 그냥 웃기만 했다고 합니다.

옛날에는 스승의 그림자도 밟지 않았다는 말이 있죠. 스승과 제자 사이에는 엄격한 위계질서가 있었습니다. 그런데 이 이야기에서는 그 위계질서가 깨지지요. 스승의 엄명을 어겼음에도 그 어떤 처벌도 받지 않습니다. 스승의 음식에 손을 대고, 스승이 아끼는 벼루를 훼손시켰는데도 혼이 나지 않지요. 스승의 권위가 무너진 셈이죠. 그런데 스승의 권위는 아이가 파괴한 게 아닙니다. 실은 맛있는 사탕을 혼자 먹을 욕심 때문에 스스로 무너진 것이죠. 스승이지만 그 또한 완전한 인간이 아님을 보여줍니다. 옛이야기 속에 등장하는 아이는 욕심 많은 스승을 직접적으로 비판하지는 않습니다. 대신 스승의 거짓말을 거짓말로 되갚고 있습니다. 꾀를 써 스승이 스스로 해놓은 말에 자승자박하도록 만든 것이죠. 자기 꾀에 자기가 넘어가도록 말이지요. 결국 스승의 욕심과 거짓말을 전부 드러내게 만드는 이 이야기는 영민한 아이의 지혜로 엄격한 위계질서를 깨트리는 통쾌한 맛이 있습니다.

다음으로 들려 드릴 이야기는 '나이'와 관련한 것입니다.

옛날 어느 날 한 마을에 원님이 부임을 하게 됩니다. 열네 살이라는 어린 나이에 과거에 급제해서 이제 막 그 마을로 가는 길이에요. 가다가 잠깐 쉬는데 하인들이 하는 말을 엿듣게 됩니다.

"저 어린 것을 사또라고 불러야 한단 말이야? 나는 싫어."

자기보다 한참 어린 사람을 상전으로 모셔야 하니 부아가 나는 거예요. 그러자 다른 하인이 말합니다.

"마을에 도착하면 우리가 구워삶자고. 어린애가 뭘 알겠어. 그런 다음에 우리 손 안에 넣고 마음대로 하면 되지."

이 원님이 그 말을 듣고 잠시 생각을 하더니 하인 하나를 불러 말합니다.

"저쪽에 가서 수숫대를 하나 꺾어오너라."

'장난감이 필요한 게로군. 역시 어린애는 어린애야.' 속으로 이렇게 생각한 하인은 "알겠습니다." 하고 대답해요. 막 몸을 움직이려는데 원님이 덧붙입니다.

"꺾어 오되, 반드시 소매 안에 넣어 와야 한다."

그 길쭉하고 가느다란 수숫대를 소매에 넣어 오라니, 놀란 하인이 그건 어렵다고 말합니다. 그러자 원님이 대답하죠.

"겨우 한 해도 안 자란 수숫대조차 소매 안에 넣지 못하면서 어떻게 14년을 산 나를 손안에 넣겠다는 말이냐?"

그제야 어린 원님의 기상에 눌린 하인들이 모두 무릎을 꿇고 용서를 빌지요. 그후 이 원님은 마을을 잘 다스려 훌륭한 명관이 되었다고 합니다.

우리나라 사회에선 나이 서열을 중요하게 여깁니다. 처음 만난 사람에게 몇 살이냐고 물어보는 게 다반사지요. 그런데 원님이라고 모시게 된 사람이 자기들보다도 훨씬 어린 열네 살 먹은 어린아이이니 얼마나 우습게 보였을까요? 아무리 벼슬이 원님이라지만 하인들은 불만이 가득했을 겁니다. 하지만 그런 하인들의 기를 보기 좋게 꺾어버리는 어린 원님이었죠. 열네 살에 급제하여 고을 원님이 될 정도니 무척이나 똑똑한 인물이었을 겁니다. 어린 원님이 나이 많은 하인들의 기를 꺾은 건 수숫대 덕분입니다. 수수는 오곡밥을 할 때 넣는 잡곡 중의 하나로 한해살이 작물입니다. 다 자라면 키가 1.5~3미터까지 되죠. 서너 달만 자라도 키가 1미터가 넘는데, 그런 수숫대를 소매에 넣어오라니 불가능한 일이죠.

이 이야기는 나이 어린 약자가 불리한 상황을 지혜로 극복한 이야기입니다. 약자인 나이 어린 원님이 강자인 나이 많은 어른 하인들을 혼내는 이야기, 어떤가요? 청소년기를 보내고 있는 여러분의 입장에서는 더 와 닿는 이야기일 텐데요. 이 옛이야기 역시 강자와 약자의 구도, 지혜로 이겨내는 해결책 등을 명확하게 보여줍니다.

어사 박문수와 관련된 일화도 이와 비슷합니다. 어른과 아이가 지혜로 대결하는 이야기이죠. 암행어사인 박문수는 전국 방방곡곡을 다니며 사건을 해결하고 활약하는 똑똑한 인물로 옛이야기에 자주 등장합니다. 박문수 어사의 옛이야기는 이렇습니다.

옛날에 중국 황제가 조선 사람들의 지혜를 실험하기 위해서 명령을 내렸어요. 하늘을 덮을 천막을 가져오라는 것이었습니다. 이 이야기를 전해 들은 임금은 고민에 빠졌습니다. 모든 신하들에게 물어보아도 해결책을 찾을 수가 없었죠. 하늘을 덮을 만큼 큰 천은 아무리 생각해도 없었으니까요. 임금은 지혜롭기로 유명한 박문수 어사를 불러 방법을 묻습니다. 그러나 제아무리 박문수라 해도 뾰족한 수가 없었지요.

그러던 어느 날 박문수는 문제를 골똘히 생각하며 길을 가고 있었습니다. 그런데 갑자기 소나기가 쏟아졌어요. 박문수는 어느 집 처마에서 비를 피했습니다. 그러다 그 집 아이가 구슬을 만지작거리는 걸 보지요. 호기심을 느낀 박문수가 무엇을 하느냐고 묻습니다.

"구슬에 실을 꿰고 있습니다."

아이가 대답합니다. 그런데 자세히 보니 보통 구슬이 아니에요. 아이의 설명으론 구슬에 구멍이 두 개 뚫려 있는데 구멍 사이가 일직선이 아니라 아홉 번 구부러져 있는 '구곡주'라고 합니다.

"대체 어떻게 이 구슬을 꿴단 말이냐?"

궁금해진 박문수가 묻습니다. 아이의 대답은 이러했어요.

"구멍이 구부러져 있기에 보통 방법은 안 돼요. 한쪽 구멍에 꿀을 발라요. 그런 다음 개미 허리에 실을 묶고 맞은편 구멍으로 들여보내요. 그럼 건너편 구멍의 꿀 냄새를 맡은 개미가 기어가면서 실을 꿰는 거예요."

아이의 영민함에 감탄한 박문수가 혹시나 하고 중국 황제가 낸 문제를 꺼냅니다.

"그렇다면 혹시 하늘을 덮을 천을 만들 수 있겠느냐?"

아이가 대답합니다.

"물론이죠. 우선, 하늘이 몇 평인지 재서 알려주세요."

그 길로 궁궐도 들어간 박문수는 임금에게 아이가 전해준 방법을 알립니다. 그렇게 조선은 어려움에서 벗어나게 되지요. 천하의 박문수도 풀지 못한 문제를 한 아이가 해결한 거예요.

이 이야기를 자세히 들여다보면 몇 가지 숨은 뜻을 알 수 있습니다. 첫 번째는 국가 지도층의 무능함을 풍자하고 있다고 볼 수 있습니다. 온갖 특권을 누리는 지배층이 나라의 운명을 가늠할 문제를 해결하지 못하고 있는 셈이니까요. 두 번째는 새로운 세력에 대한 기대감입니다. 기성세대들은 문제를 보는 눈이 틀에 박혀 있습니다. 상식적으로 하늘을 덮을 천이 어디에 있겠어요. 그런데 어른들은 그런 천을 구할 생각을 하고 있는 것이죠. 문제를 냈으니 답만 찾으려고 하는 것입니다. 하지만 아이는 달라요. 상식을 뛰어넘는 창의적인 방식으로 문제를 해결합니다. 문제에는 문제로 맞서는 식으로 말이지요. 여기에 등장하는 어린아이는 앞으로 성장할 가능성이 많은 세대이자 민중의 미래입니다. 그렇기에 문제를 해결하는 아이의 이야기는 미래에 대한 민중의 기대를 상징한다고도 볼 수 있어요.

이 이야기에도 강자와 약자는 존재합니다. 과거에 대국이라고 불리던 중국이 강자이고, 조선인 우리나라가 약자이지요. 그러니 그런 터무니없는 문제를 내서 조선을 시험하는 것이었겠죠. 이런 강자와 약자의 구조는 또 있습니다. 임금이며, 신하며, 어사 박문수 등은 어른으로 대변되는, 나라를 책임지는 강자이지요. 어리고 약한 아이가 약자이고요. 현실에선 당연히 나이도 많고, 연륜도 있고, 지식과 경험이 풍부한 어른이나 똑똑하기로 소문난 어사 박문수 같은 사람이 문제를 해결해야겠지요. 그런데 어떤가요? 이야기에선 새로운 지혜를 발휘하는 사람은 바로 아이입니다. 아이가 문제를 해결함으로써 중국이 낸 문제를 소국인 우리나라가 풀게 되는 것이지요. 사회적 약자인 아이가 문제를 해결해서, 약소국인 우리나라가 강대국의 도발을 극복하게 되는 구조입니다.

부당한 요구를 부당한 요구로 답하는 아이의 모습을 보면서 어떤 생각을 하셨나요? 이 옛이야기는 새로운 시각을 통해 세상을 바라봐야 문제가 해결된다는 것을 알려주지요. 이미 고정관념에 사로잡힌 어른들은 그러한 능력과 유연성이 부족합니다. 오히려 기존의 사고 틀에 묶여 있지 않은 어린아이가 수수께끼 같은 문제를 해결할 가능성이 더 있습니다. 이렇듯 통념상 가르치고 계몽해야 할 대상인 어린아이가 어른들에게 해결책을 제시하는 것은 기존에 있는 사회적 위치를 전복시킵니다. 약자들은 이런 이야기를 통해 현실의 억압과 부당함을 이렇게 풀어내고 해소했던 것은 아닐까 생각합니다. 특히 어리고, 체격이 작고, 지식이 짧고, 경험이 부족한 어린아이를 주인공으로 내세운 것은 세상에서 가장 약한 이를 나타내기 때문은 아닐까요? 세상의 다양한 약자를 대변할 수 있는 인물로는 어린아이가 제격이기 때문이지요.

이처럼 지혜롭게 문제를 풀어간다는 내용의 옛이야기에서는 대개 남자보다 여자, 양반보다 하인, 어른보다 아이들이 주체로 나섭니다. 그리고 적극적이고 확실하게 문제를 해결하지요.

이제까지 살펴본 옛이야기들은 사회적 약자의 위치를 다시 한번 고려해보고, 현실 세계가 지닌 불완전함과 모순을 돌아볼 기회를 줍니다. 궁극적으로는 사회적 약자에 대한 편견과 차별을 비판하고, 신분이나 계급, 성별, 나이 등으로 구분 짓는 불평등한 사회질서의 모순을 해체하려는 의지를 담고 있다고도 볼 수 있습니다.

힘을 합치다 – 민중의 연대

다음에 들려드릴 이야기는 많이 들어본 옛이야기일 겁니다. '팥죽할멈과 호랑이'라는 이야기인데요. 아마 어릴 때 동화책으로 접한 분들이 많을 겁니다. 연쇄적으로 일어나는 사건이 재밌어서 좋아한 분들도 많을 텐데요, 기억을 더듬으며 한번 들어보시겠어요?

옛날 어느 산골 마을에 할머니 한 명이 살고 있었습니다. 어느 날 밭에서 팥을 심고 있는데, 호랑이가 와서는 잡아먹으려고 했습니다. 할머니는 호랑이에게 사정했죠.

"이렇게 팥을 많이 심어놓았는데 내가 없으면 누가 이 밭을 가꾸겠어. 지금 잡아먹지 말고, 팥농사를 지어 동짓날 팥죽이나 쑤어놓을 테니 그 다음에 잡아먹어라." 하고요. 호랑이는 그러마 하고는 돌아갔습니다. 가을이 지나고 동짓날이 되자 할머니는 팥죽을 끓이면서 솥 앞에서 울고 있었습니다. 한참을 그러고 있는데 어디선가에서 달걀이 데굴데굴 굴러 오더니 묻습니다.

"할머니, 할머니 왜 우세요?"

"호랑이가 그러는데 이 팥죽을 다 먹고 나면 나를 잡아먹겠단다."

사연을 들은 달걀이 말합니다.

"팥죽 한 그릇 주면 제가 도와드릴게요."

"말이라도 고맙구나."

할머니가 팥죽을 한 그릇 내주며 말해요. 맛있게 팥죽을 먹은 달걀이 부엌 아궁이 잿더미로 들어갑니다. 그러더니 이번에는 송곳이 콩콩 튀어오더니 왜 우느냐고 물어요. 자초지종을 이야기하니까 송곳도 달걀처럼 팥죽을 주면 자기도 돕겠다고 합니다. 팥죽을 먹은 송곳은 부엌문 쪽 바닥으로 가 뾰족이 서 있습니다. 이어서 찾아온 동아줄도 팥죽을 먹고 부엌문 뒤에 숨습니다. 다음으로 멍석이 찾아와서 팥죽을 먹고는 마당에 자기 몸을 펼치고 눕습니다. 다음에 찾아온 지게도 마찬가지로 맛있게 팥죽을 먹고 마당 구석에 가서 섭니다. 자, 드디어 호랑이가 집 안으로 들어섭니다.

"할멈, 팥죽 다 되었소?"

할머니가 고개를 끄덕이면서 부엌을 가리킵니다. 호랑이가 침을 꿀꺽 삼키면서 아궁이 앞에 앉습니다. 그때 갑자기 잿더미 속에서 달걀이 툭 튀어나와 호랑이 눈을 때립니다.

"아이코, 눈이야!"

깜짝 놀란 호랑이가 눈을 비비며 비틀거리다가 부엌 문지방에 걸려 뒤로 넘어져요. 그런데 바로 송곳이 숨어 있던 그 자리입니다. 송곳에 똥구멍이 찔린 호랑이는 아파서 허둥지둥 마당으로 나오는데, 숨어 있던 동아줄이 몸을 칭칭 감고, 이때를 놓칠세라 멍석이 쓰러진 호랑이 몸을 돌돌 맙니다. 이걸 지게가 지고 나가서 강물에다 퐁당 빠뜨려요. 호랑이는 물에 빠져 죽고 그때부터 할머니는 호랑이 걱정 없이 농사를 지으며 잘 살았답니다.

이 이야기가 어떻게 보이시나요? 이제는 강자와 약자의 구도가 보이시죠? 할머니가 약자, 할머니를 잡아먹으려는 호랑이가 강자로 보이실 겁니다. 그런데 이야기에선 결국 호랑이는 죽게 됩니다. 할머니를 잡아먹으려는 호랑이를 어떻게 물리치나요? 바로 평범한 존재들이 '연대'하여 물리칩니다. 서로 힘을 합쳐 돕는 것이죠. 하나하나 놓고 보면 평범하기 짝이 없는 일상도구들입니다. 달걀, 송곳, 동아줄, 멍석, 지게까지 특별한 능력을 가진 존재들은 아닙니다. 그렇지만 힘을 합치니 천하의 호랑이도 당해낼 재주가 없습니다.

이야기에서 호랑이는 열심히 일해서 수확한 팥과 할머니의 목숨을 빼앗으려는 포악한 맹수를 넘어 탐욕스런 권력자로도 볼 수 있습니다. 이에 맞서 할머니를 구해내는 물건들을 약자이자 민중으로 볼 수 있고요. 이러한 상징으로 파악한다면 평범하고 약한 존재라도 서로 지혜와 힘을 합쳐 도우면 어려움을 극복할 수 있다고 이야기는 말하고 있는 것이죠. 작은 힘이라도 모으면 큰 힘이 되듯 약자들의 연대만큼 강자를 이길 수 있는 것은 없는 법이지요. 이 옛이야기 또한 그 힘을 보여주는 것이고요. 어떤가요? 어릴 적 읽은 낯익은 옛이야기가 새롭게 읽혀지나요?

자, 이렇게 해서 옛이야기들을 몇 가지 주제로 묶어 살펴보았습니다. 그렇다면 이 이야기들은 우리의 삶에 과연 어떤 역할을 했는지 살펴보겠습니다.

재미와 상상력의 원천인 옛이야기

옛사람들은 왜 이런 이야기를 듣고 전했을까요? 뭐니 뭐니 해도 '재미' 때문이었겠지요. 지금 들어도 재미있는데 텔레비전도 없고 스마트폰도 없던 시절에는 어땠겠어요? 이만한 재밋거리가 없었을 거예요. 전기도 안 들어왔으니 밤이 되면 할 일도 없고, 농사를 지을 때이니 한겨울의 농한기에는 무료했을 거예요. 그럴 때 무료함을 달래기 위해 마을 사람들끼리 옹기종기 모여서, 혹은 가족들이 방안에 누워 옛이야기를 나누었을 겁니다.

옛이야기에는 오락적인 기능이 있어요. 우리가 개그 프로그램을 보며 박장대소하듯이 옛사람들도 그랬을 겁니다. 그런데 이 웃음에는 큰 힘이 있어요. 그저 웃고 마는 게 아니라 살아가는 데 힘을 주지요. 힘든 현실을 이길 위로가 됩니다. 격려와 위로, 나아가 용기를 심어주는 기능도 했을 거예요. 웃음이 그렇게까지 힘이 될까 의문이 드나요?

내가 우울해하고 있을 때 친구가 와서 말도 안 되는 얘기로 웃겨줘요. 더 나아가 내가 힘들어하는 상황을 알고 그 상황에 빗대어 용기를 주는 재미있는 이야기를 해줍니다. 그러면 즐겁게 웃다가도 고맙다는 생각이 들죠. 일단 웃고 나면 절망에 빠졌던 마음도 한결 가벼워집니다. '그래, 다시 한 번 해보자.' 어디선가 힘이 솟습니다. 행복해서 웃는 게 아니라 웃으면 행복해진다는 말이 있죠. 저는 그 말이 맞다고 생각합니다. 힘이 나서 웃는 게 아니라 웃으니 긍정적인 생각이 들고 기운이 나는 것이죠. 옛이야기가 주는 웃음은 그리 단순한 게 아니라는 말씀을 드리고 싶습니다. 웃음은 현실을 살아가게 하는 힘이 있어요. 다시 기운 내 어깨에 짊어진 짐을 고쳐 메고, 걸어갈 힘을 주는 것이죠. 게다가 옛이야기가 주는 웃음은 실제 현실의 상황과 연관되어 있는 것이기에 즐겁고 힘이 나는 값진 웃음이기도 합니다. 그렇다고 옛이야기가 재미와 웃음만을 바탕에 두고 있는 것은 아닙니다.

옛이야기에는 현실의 위계와 상황을 전복시키는 측면이 있다고 말씀드렸지요. 두려움의 대상인 호랑이가 이야기에선 어린아이의 꾀에 넘어가고, 힘깨나 쓰는 양반들이 이야기 속에서는 종종 하인에게 당합니다. 나라님도 못 푸는 문제를 어린 꼬마가 해결하지요. 보잘것없는 물건들이 힘을 합쳐 포악한 호랑이를 혼내줍니다. 사람들은 이런 이야기를 들으면서 통쾌함을 느꼈을 겁니다. 현실 속 위계질서가 뒤바뀌니까요.

현실에선 약자인 존재가 이야기 속에선 강자가 된다는 것 자체가 큰 매력입니다. 이러한 옛이야기를 향유하는 사람들은 대부분 약자였을 테니까요. 글도 읽을 줄 모르고 돈도 없고 힘도 없는 그런 사람들이었을 겁니다. 이야기에서 보여주는 전복성은 현실이 변화될 가능성을 나타냅니다. 또한 모순된 현실을 전복시키려는 의지도 찾을 수 있지요. 가능성과 의지만으로 무엇을 할 수 있냐고 물을 수 있겠지만, 모든 변화는 가능성과 의지에서부터 시작하는 게 아닐까요?

우리가 옛이야기에서 주목할 또 하나는 바로 '상상력'의 역할입니다. 옛이야기는 지금 기준으로 봐도 재치가 있어요. 생각지도 못한 아이디어로 위기를 극복해나갑니다. 상상력에 바탕을 둔 창의적 사고라고 볼 수 있죠. 옛사람들은 이걸 간단히 지혜, 꾀라고 불렀습니다. 우리가 살펴본 이야기들에도 등장하죠. 지혜로운 아이, 꾀쟁이 하인, 지혜로운 학동 등등. 이처럼 옛이야기는 알면 알수록 상상력과 창의력의 보고寶庫입니다. 새로운 시선과 사고를 통해서 세계관을 확장시키고 발전시키고 있어요. 저는 옛이야기를 들으면 뇌가 말랑말랑해지는 느낌이에요. 그렇게 유연해진 상태로 새로운 삶을 꿈꿀 기회가 생긴다는 생각이 듭니다. 하나의 이야기가 거기서 끝나는 게 아니라, 또 다른 이야기의 시작이 되는 건 아닐까. 그렇게 끝없이 이어지는 이야기 속에 더 나은 세상을 만들 상상력, 그 씨앗이 담겨 있는 건 아닐까, 이런 생각을 해봅니다.

결국 이야기라는 것은 삶의 열매이자 자양분이에요. 왜 그럴까요? 이야기를 즐기면서 힘을 얻고 그 이야기 힘으로 또 다른 이야기를 만들고 그 이야기가 계속 살아남아서 현실에 영향을 미쳐요. 사람들이 웃고 즐기는 사이에 현실의 한계를 뛰어넘는다는 것은 정말 신 나고 신기한 일이죠. 이것이 옛이야기의 정말 큰 역할이자 매력입니다.

마지막으로 또 하나의 역할은 바로 '사람들의 생각'을 엿볼 수 있다는 점입니다. 옛이야기에는 다양한 생각과, 무의식, 정서, 경험이 녹아 있어요. 아마도 옛이야기를 듣는 사람들은 앞서 살았던 이들의 지혜와 소망, 의지 같은 것들을 배웠겠지요. 지금 우리도 마찬가지입니다. 옛이야기에 드러난 작은 사건 하나에서도 당시 사람들의 마음을 읽어낼 수 있어요. 물론 그것을 읽어내는 건 이야기를 듣는, 혹은 읽는 사람들의 몫이겠지요.

자, 이렇게 다양한 옛이야기의 역할과 매력을 살펴보았습니다. 그런데 오늘날은 어떤가요? 예전만큼 이야기를 즐기지 않지요? 이야기 말고도 즐길 거리가 너무 많은 데다 더 이상 옛이야기를 해주는 어른들이 없습니다. 그렇다고 우리 주위에서 이야기가 사라졌다고 말할 수 있을까요? 그렇지는 않습니다. 지금 우리가 보는 드라마, 영화, 예능프로그램, 어디에나 이야기가 담겨 있지요. 다만 이야기의 겉모습이 달라졌을 뿐이에요. 어쩌면 200년, 300년 후의 사람들은 우리가 나누고 즐기는 오늘날의 이야기에서 또 다른 생각들을 찾아낼지도 모릅니다. 오늘 우리가 옛이야기를 두고 이런저런 생각을 한 것처럼 말이에요.

그러므로 이야기는 곧 우리의 삶입니다. 여러분께서 옛이야기를 통해 옛사람들의 지혜와 생각을 맛볼 수 있는 자리였기를 바랍니다. 더불어 오늘의 옛이야기 경험을 자기 삶으로 녹여 값지게 활용할 수 있기를 바랍니다. 감사합니다.

청소년 옛이야기는 언제 생겼나요?

정숙영 정확히 알 수가 없습니다. 문자로 기록된 것이 아니라 입에서 입으로 전해진 것이니까요. 다만 외국에서 전해지는 옛이야기 중에는 만들어진 시기를 추정할 수 있는 근거가 있는 것도 있습니다. 고대 바빌로니아 수메르 족이 쐐기문자로 써서 남긴 '길가메시 이야기'는 기원전 2000~3000년경쯤으로 잡습니다. '길가메시 이야기'에서는 기원전 2700년경 유프라테스 강가에 있는 우루크란 곳을 다스리는 왕, 길가메시가 주인공입니다. 길가메시가 벌인 행적들을 하나의 장대한 서사시로 엮은 것이 바로 이 '길가메시 이야기'죠. 서사시는 장편의 이야기를 긴 시의 형태로 나타낸 것으로, 길가메시 이야기는 일종의 신화입니다. 길가메시는 반신반인半神半人, 그러니까 3분의 2는 신이고, 3분의 1은 인간으로 등장하거든요. 하지만 좋은 왕은 아니었습니다. 폭군이라 그곳의 백성들이 살기에 괴로워서 신들에게 도움을 청하죠. 그리고 그 다음 이야기는 직접 찾아 읽어보시면 좋겠습니다.

저는 '길가메시 이야기'가 전해지는 기원전 2000~3000년경보다 훨씬 이전부터 이야기가 만들어지고 전해왔을 거라고 봅니다. 사람들이 있는 곳엔 늘 이야기가 있는 법이니까요.

이야기는 아니지만 아마 학교에서는 「구지가」, 「황조가」 등을 기록된 것 중 가장 오래된 문학작품으로 배울 텐데요, 이건 문자가 없었던 아주 오랜 옛날부터 불리던 노래였습니다. 노래와 함께 관련 설화도 함께 전해지고 있죠. 이 노래는 가사나 악보를 적을 수단이 없어 입으로 전해지다가 나중에 한자가 도입되면서 기록이 된 것이죠. 그전에는 누가 노래를 하면 옆에서 따라 부르고, 그걸 기억했다가 또 다른 사람 앞에서 부르고, 하면서 전해졌을 겁니다. 이런 것을 '구비 시가'라고 해요. 「구지가」나 「황조가」는 전해져오는 우리나라의 구비 시가 중 확인 가능한 가장 오래된 시가입니다.

안타까운 것은 저렇게 오래된 이야기며 노래도 오늘까지 전해오는데, 지금은 점차 그 명맥이 끊겨가고 있다는 거예요. 아무도 더 이상 옛이야기를 말하거나 들으려 하지 않기 때문이죠. 이야기가 세월을 거치면서 이렇게도 바뀌고 저렇게도 바뀌잖아요. 지금은 그런 역동성이 많이 사라졌습니다. 기록문학이 활성화된 시대잖아요. 다 눈으로 보고 읽죠. 더 이상 말로 하지 않아요. 이야기를 들어도 잘 기억하지 못합니다. 짧은 전화번호도 기억하지 않고 전화기에 저장해놓는데, 누가 그 긴 이야기를 머릿속에 담았다가 이야기하겠어요.

옛날 이야기꾼들은 기억력도 좋고 직간접적인 경험이 풍부해서 이야기를 참 재미있게 했습니다. 사소한 부분 하나하나 놓치지 않았죠. 마치 오늘날 방송인들이 하는 것처럼 말이죠.

청소년 저는 구비문학을 좋아하는데요. 특히 사투리로 쓰인 이야기를 좋아합니다. 그런데 보통 책에는 표준말이 나오잖아요. 사투리를 잘 살린 옛이야기가 있을까요?

정숙영 제가 여러분께 소개한 옛이야기 대부분은 원래 사투리로 채록된 것인데 그걸 제가 표준어로 바꾸어 얘기한 겁니다. 옛이야기가 서울에만 전해지는 건 아니니까요. 실제로 이야기를 들으러 어르신들께 가면 당연히 그 지방 사투리로 말씀을 해주십니다. 심한 경우는 저도 무슨 말인지 모르겠어요. 친구들에게 물어서 그 뜻을 적습니다. 거의 번역 수준의 작업이 필요하지요. 특히 제주도 이야기인 경우에는 채록해 놓은 걸 읽어도 무슨 뜻인지를 모르는 경우가 많습니다. 그래서 제주도 채록본에는 주석이 많이 달려 있습니다.

이건 일장일단이 있어요. 표준어로 적으면 사투리를 모르는 친구들에게 널리 읽힐 수 있지요. 하지만 구수한 이야기의 맛을 살리기가 어렵죠. 각 지역마다 입말의 특색이 있을 거고, 그 특색에 따라 이야기의 맛도 달라질 겁니다. 따라서 해당 지역 출신의 연구자들이 그 지방의 옛이야기를 더 잘 이해할 수 있을 거라고 생각해요. 그 지역 출신이 그 지방의 옛이야기를 연구한다면 사투리도 훨씬 더 잘 살릴 수 있고, 나아가 더 깊은 의미를 찾아낼 수도 있겠죠. 옛이야기를 연구하는 분들이 좀 더 노력을 기울여야 할 부분입니다.